中国健康广播研究

常 昕 著

知识产权出版社
全国百佳图书出版单位

图书在版编目（CIP）数据

中国健康广播研究/常昕著. —北京：知识产权出版社，2016.8
ISBN 978-7-5130-4300-7

Ⅰ.①中… Ⅱ.①常… Ⅲ.①健康教育—广播工作—研究—中国 Ⅳ.①G229.2

中国版本图书馆 CIP 数据核字（2016）第 148953 号

内容提要

本书以健康传播为视角，重点分析了我国健康广播发展的历史、现状、问题和发展思路。本书试图分析和解决的关键性问题是：在现有社会环境、体制环境、人文环境、媒介环境等多重语境下，中国健康广播如何发挥公共服务的基本功能，以及在“以人为本”的定位指引下，如何进一步开发广播的媒介优势，实现对广播受众生命呵护的有效服务。

责任编辑：刘晓庆　于晓菲　　　**责任出版**：孙婷婷

中国健康广播研究

ZHONGGUO JIANKANG GUANGBO YANJIU

常　昕　著

出版发行：知识产权出版社有限责任公司	**网　　址**：http：//www.ipph.cn
电　　话：010-82004826	http：//www.laichushu.com
社　　址：北京市海淀区西外太平庄 55 号	**邮　　编**：100081
责编电话：010-82000860 转 8363	**责编邮箱**：yuxiaofei@cnipr.com
发行电话：010-82000860 转 8101/8029	**发行传真**：010-82000893/82003279
印　　刷：北京中献拓方科技发展有限公司	**经　　销**：各大网上书店、新华书店及相关专业书店
开　　本：720mm×960mm　1/16	**印　　张**：10.25
版　　次：2016 年 8 月第 1 版	**印　　次**：2016 年 8 月第 1 次印刷
字　　数：142 千字	**定　　价**：48.00 元

ISBN 978-7-5130-4300-7

前　言

本研究以健康传播为视角，重点分析了我国健康广播发展的历史、现状、问题和发展思路。研究试图分析和解决的关键性问题是：在现有社会环境、体制环境、人文环境、媒介环境等多重语境下，中国健康广播如何发挥公共服务的基本功能，以及在“以人为本”的定位指引下，如何进一步开发广播的媒介优势，实现对广播受众生命呵护的有效服务。

研究首先对与研究相关的核心概念进行辨析，并从健康传播、媒介生态学的理论视角，梳理与健康广播相关的前期成果。研究从生命科学、发展传播学、健康传播、广播学、媒介依赖理论等多学科维度建立起我国健康广播研究的理论框架。

研究梳理了我国健康广播从二十世纪二三十年代以来的历史发展阶段，从历史演进的角度解释了健康广播现实面貌的由来。在此基础上，分析我国健康传播事业所处的社会和人文生态，这也是中国健康广播赖以生存和发展的现实土壤。

本研究将健康广播从广义和狭义上进行了区分。广义上的健康广播指的是，广播传播内容中与生命、健康相关的所有信息和服务。狭义上的健康广播则主要指的是，旨在传播健康信息、提供健康相关服务为宗旨的公益性服务性节目。另外，当公共卫生事件和灾难性事件发生时，广播中相关的救护知识、疫情防控知识、心理援助知识等，也应划为狭义上健康广播的内容。研究从广播业务的角度，分析了健康广播的新闻类呈现、节目类呈现和在突发公共事件中作为“生命线媒体”的呈现。

研究重点从节目类型和分布、节目构成形态、专业化频率建设和收听市场等四个维度，分析了我国健康广播节目的运行现状和既存问题。研究发现，健康节目在我国广播市场中的分布并不均衡，呈现按照广播层级由高到低而逐渐减少的状态。健康专业频率在定位上容易与老年频率、女性频率趋同。健康专业频率作为广播健康传播的具体载体，频率资源的公共性应该最大程度地得到发挥。但医药节目的介入使健康专业频率和节目面临打着健康传播的幌子，实际推行医药销售的尴尬局面。

研究还重点对健康广播中的特殊存在——医药节目进行了双面分析。一方面，结合实际访谈，分析了医药节目中健康元素的存在和表现；另一方面，从播出体量、时段占有、广告创收等几个角度，分析了医药节目对健康广播的影响、渗透及乱象表现，并列举了由此带来的若干不良后果。随着政策管束力度的逐年加大，广播行业开始尝试对医药节目进行调整，以期摆脱商业束缚并向着公共服务的方向转轨。研究以北京电台、河北电台为个案研究，比较分析两家电台向公共服务发展、转型的具体做法及特征。北京电台在节目内容上去广告化的做法体现出极强的阶段性，并未维持长久就又放开；河北电台的整改与广告结构的调整同步进行，看起来有成效，但广告经营的潜在风险依然存在。此外，研究还从法律规制的角度分析了医药节目向健康广播渗透、影响并难以根除的原因。

基于互联网技术的新兴媒体发展强劲，在新媒介环境下，受众获取健康信息的途径变得更为多元化。传统健康广播一方面在某种程度上受新媒体发展的挑战，另一方面借助新媒介的传播平台实现对原有功能缺陷的弥补。传统健康广播与新媒体的不断融合为其进一步发挥公共服务功能提供了机遇。本研究基于目前健康广播与新媒体融合的现状，从开辟节目征集网络平台、融合移动互联网延伸传播效果、大数据挖掘听众需求等方面，为健康广播如何借力新媒体而提升公共服务功能，提供可行性建议。

目　录

第一章　概念界定与研究框架

“健康是促进人的全面发展的必然要求。提高人民健康水平，实现病有所医的理想，是人类社会的共同追求。在中国这个有着13亿多人口的发展中大国，医疗卫生关系亿万人民健康，是一个重大的民生问题。”

——《中国的医疗卫生事业》白皮书

2012年12月

第一节　核心概念界定

一、健康传播

健康传播是美国于20世纪70年代开始兴起的传播学研究领域。健康传播一方面是在医疗健康领域验证、修正和发展传播学的理论与假设；另一方面通过传播的技巧和手段，研究与健康有关的重要问题。❶

杰克逊（Jackson L. D.）于1992年首先提出了“健康传播”这一概念。他指出，健康传播就是以大众传媒为信道来传递与健康相关的资讯以预防疾病、促进健康。在这个过程中，大众传播媒介在将医疗成果转化成大众健康知识加以传播、正确构建社会图景以帮助受众建立预防观念等方面都

❶ 王迪. 健康传播研究回顾与前瞻[J]. 国外社会科学,2006(5).

发挥着重要作用。

美国学者埃弗里特·M·罗杰斯（Everett M. Rogers）在1994年提出一种界定，认为健康传播是一种将医学研究成果转化为大众的健康知识，并通过态度和行为的改变，以降低疾病的患病率和死亡率、有效提高一个社区或国家生活质量和健康水准为目的的行为。研究议题涉及广泛，既包括以艾滋病预防为龙头的疾病预防，也包括药物滥用预防、医患关系研究、计划生育、癌症的早期发现、戒烟等内容。[1]

1996年，罗杰斯又在另一篇文章中对健康传播做了如下定义：凡是人类传播的类型涉及健康的内容，就是健康传播。这一定义因其简洁明了、易于理解，而被大多数人接受和引用。同时，它也是目前在健康传播领域中应用得最广泛、最权威的定义。

2000年，美国在国家健康计划“2010年的健康人”（Health People 2010）的目标中，将健康传播定义为一种技巧或者手法，通过这些来研究与健康有关的重要问题。该计划2001年的项目报告给“健康传播”下的定义是：“研究和使用传播策略来告知和影响个人及社区的增进健康的决定。”

张自力是国内较早从新闻传播学的角度系统研究健康传播的学者。他认为，不同学科领域和知识背景的研究者从各自的研究视角出发，对健康传播进行界定。这些概念从不同侧面强调了健康传播的不同特点。他以研究取向为依据，将现有的健康传播定义划分为四大类别：主题取向、功能取向、传播层次取向和情境取向（张自力，2009）。

1993年，在由北京医科大学主编的《健康传播学》一书中，对健康传播的定义是：健康传播是健康信息传输、流动的过程，是一个社会组织、群体或个体运用传播手段，针对目标人群或个体的健康行为问题，进行适宜的信息传播。健康传播发生在传递一项健康信息至受传者接受这项健康信息的过程，其性质和作用在于帮助人们获得在健康问题上作出决定所需

[1] Everett M. Rogers. The Field of Health Communication Today[J]. American Behavioral Science, Vol. 38 (2):208-214.

要的事实、意见或态度，以利于解决健康问题和改善生存质量。这是国内研究者对“健康传播”所下的较早的一个定义。

我国台湾学者徐美苓对“健康传播”的定义是：“为人们寻找、处理、共享医疗资讯的过程。其关心的范围不仅在个人寻求医疗资讯的过程，或医患之间的沟通，更在整个医疗体系内信息的流动与处理。”❶ 在徐美苓的定义中，焦点在于医疗领域，包括健康传播的主体、客体与媒介等；其次，健康传播是多层次的，既有个人行为，也有系统行为。

结合以上国内外学者提出的有关“健康传播”的定义和内涵，本研究将“健康传播”这一概念理解为：在呵护生命和“以人为本”的根本宗旨下，政府、社会组织（包括媒体）和个人运用相应的传播手段，传递与生命健康和心理健康有关的知识，提供与疾病预防和诊疗相关的信息和服务的传播行为。

二、健康广播

本研究拟从广义和狭义两个层面对“健康广播”的内涵和外延进行梳理。

广义上的“健康广播”指的是，广播传播内容中与生命、健康相关的所有信息和服务。具体看，广义上的健康广播可以包括：①以健康广播节目为主要内容构成的健康专业频率；②由广播电台自办的旨在传播健康信息、提供健康相关服务为宗旨的公益性服务性节目；③广播新闻报道中与公共卫生政策、公共卫生新闻、公共健康环境（如雾霾治理）、突破医学科研课题、医学人物、心理学发现等相关的新闻资讯；④广播体操节目、舞曲节目❷等与健身运动相关的节目。

狭义上的“健康广播”则主要指上述第二点内容。这些服务性节目所

---

❶ 徐美苓. 健康传播研究的回顾与展望[C]. 翁秀琪. 台湾传播学的想象. 台北：台北巨流图书公司，2004.

❷ 江苏健康广播的《银色舞步》节目，由主持人播放舞曲，并打着拍子带领听众跳舞。

传播的内容大都与生命健康的要素，如疾病、保健、诊疗、养生等直接相关。这一部分内容也是目前广播健康服务中体现最集中、分布最广泛的一块。此外，当“非典”“禽流感”等公共卫生事件，以及地震、泥石流等灾难性事件发生时，广播中相关的救护知识、疫情防控知识、心理援助知识等，也应划为狭义上“健康广播”的内容。

不论广义还是狭义，“健康广播”应具备如下两个基本特点：一是基于广播媒介的一种健康传播公共服务；二是可以借助广播的传播优势和功能，有效地向听众提供与公共健康和个体健康相关的知识、信息和服务，传播正确的健康价值观，从而影响听众的态度和行为的改变，帮助听众提高健康水平和生活质量。

第二节　理论架构

一、生命科学与健康传播

健康是一个动态的、综合的、历史的概念。早在20世纪30年代，美国健康教育专家鲍尔（Bauer. W. W.）和霍尔（Hull，H. G.）认为：“健康是人们身体、心情和精神方面都自觉良好、活力充沛的一种状态。”敦恩（Dunn，H）把健康视为个体的动态的发展状况，健康具有整体性，是个体生存、自我更新、创造性的调整和实现其发展目标的良好状态。1947年，世界卫生组织（WHO）将健康定义为：“一种身体的、心理的和社会适应的健全状态，而不是没有疾病或虚弱现象。”这个通俗简洁、但又内涵深刻的健康定义，被人们视为现代健康观的经典定义而广为接受。不过，随着人类认识水平的提高和思维方式的改变，新的社会和时代内涵不断注入其中，使现代健康观更加丰富和深刻。进入20世纪90年代，世界卫生组织又对健康定义进一步解释为：“一个只有在身体健康、心理健康、社会适应良

好和道德等四个方面都健全，才算是完全健康的人。”❶

人的健康状态的获取和保持，既与自身与生俱来的身体素质有关，也与日常生活中的生活方式、健康素养、生活环境紧密相关。而外界健康信息的获取和影响对人们后天健康素质的养成、健康状态的达成都至关重要。健康教育、健康传播的重要意义也体现于此。

从本质意义上说，健康传播是对生命科学的关注和传播。生命科学即研究生命现象的科学，是通过分子遗传学为主的研究生命活动规律、生命的本质、生命的发育规律，以及各种生物之间和生物与环境之间相互关系的科学，最终能够达到治疗诊断遗传病、提高农作物产量、改善人类生活、保护环境等目的。❷

生命科学离不开公众。生命科学知识需要公众的理解，生命与健康技能需要公众的掌握，生命科学的发展最终都是为了促进人的健康状态和健康生活。在科学与公众、社会的互动过程中，媒体扮演着非常重要和积极的角色，承担着科学传播的责任。1985 年，英国皇家学会发表了《公众理解科学》报告，第一次提出了科学家应该做科普，要帮助媒体全面深入介绍和报道科学和科技进展。❸ 科学传播以大众媒体为核心，打破了传统的以科学共同体为核心的局面。这个传播过程是传受双方主动、互动、有反思、有反馈的传播。健康广播实际上是以广播为媒介，以公共传播服务的形式，建立了生命科学教育普及与大众健康获取之间的桥梁。

二、发展传播学视野下的健康传播

发展传播学理论起源于第二次世界大战后的美国，以美国学者勒纳在 1958 年出版的《传统社会的消失：中东的现代化》为标志，认为大众传播具有促进经济发展和社会进步的强大功能。它是利用传播的过程、技术和

---

❶ 张建华，王自华. 大学生心理健康教程[M]. 北京：科学出版社，2012.
❷ 陈竺. 医学遗传学[M]. 北京：人民卫生出版社，2010.
❸ 陈鹏. 新媒体环境下的科学传播新格局研究[D]. 合肥：中国科学技术大学，2012.

媒介，帮助人们全面认识他们所处的环境及变革的手段，帮助人们解决冲突、达成共识，帮助人们制定改革和可持续发展的计划，帮助人们获取必要的知识和技术以改善自身的处境和社会状况、提高机构的效率。其中代表性的理论有勒纳的移情理论、施拉姆的媒介功能理论、罗杰斯的创新与扩散理论等。发展传播学传入中国的标志是，20 世纪 80 年代施拉姆的《传播学概论》引进中国，成为中国内地发展传播学的肇始。同时，这也是中国首次引进传播学这一概念。

如何才算是一个发展传播学的研究？

徐晖明（2009）认为，“发展传播学的研究大致有两个层次：理论框架研究和实证研究。前者建立基本的理论假设和宏观视角，关注传播对于社会发展是否具有推动作用，以及发生的机制是什么。后者具体考察传播和社会发展之间的关系，多表现为专题性的研究。例如，性别与传播、健康传播、国际发展传播项目的实施成效、新传播技术在发展中国家的运用、传播与传统文化、发展传播中的公共参与、乡村地区的传播等”。❶发展传播的学奠基人勒纳、英格尔斯认为，国家或个人的现代化是发展传播学的主旨所在。因此，要辨别什么样的研究是发展研究，重点要看它是不是关于个人、社群（社区）、国家的现代化有关的理论或实证研究。

2003 年 10 月，党的十六届三中全会首次明确提出了以人为本、全面协调可持续的科学发展观。科学发展观是基于广大人民群众根本利益一致基础上的，具有很强的现实性和针对性。陈云芝（2006）认为，在当前中国经济社会发展转型过程中，生产力和生产关系、经济基础与上层建筑的调整，引发了一系列社会矛盾和利益冲突。在我们的发展过程中，客观上存在着重物轻人、唯 GDP 论、经济社会发展不协调、人与自然不协调、区域发展不平衡、城乡发展差距拉大等问题。党和政府提出“以人为本”的科学发展观，正是为了破解发展难题，纠正发展中存在的问题。❷ 庞元正将以

---

❶ 徐晖明. 我国发展传播学研究状况[J]. 当代传播,2009(2).

❷ 陈云芝. 论以人为本的发展理念[D]. 中共中央党校,2006.

人为本归结为四句话：依靠人是发展的根本前提、提高人是发展的根本途径、尊重人是发展的根本要求、为了人是发展的根本目标。❶

美国学者格德温在20世纪90年代提出一个观点："我们应当研究传播如何才能有效地使下层参与决策过程，或者从另一方面提出问题：究竟是什么样的现存障碍使下层与决策过程变得困难，我们又能做什么来减少这些障碍。这对发展问题而言，远比我们迄今认识到的重要。"因此，以人为本的决策理念如何真正转向实际生活，使人们真实地感到与自己息息相关，就成为社会发展实践层面需要解决的问题。

健康关系每个人的生命安危，健康权是会公众最基本的权利之一。"以人为本"的发展理念从健康传播的角度看，即对人的生命状态和健康权益的呵护和保护。从这层意义出发，政府、社会和媒体的公共服务职能才能得以发挥。

三、广播媒介优势与健康传播

（一）广播的媒介功能

广播是具有革命意义的科技发明，是唯一以音频内容（口语+音乐）为主体的大众传媒。广播的唯一传播符号就是声音。"声音的非可视化"可概括为三个"看不见"：看不见说话的人、看不见所说的事、看不见与之相关的文字。广播的频率和节目的标识和内容传递主要通过口语来呈现。广播媒介的生命力在于它实现了"解放"声音为主体的有效传播。

曹璐提出，广播媒介至少有以下六个方面的传播优势：①广播是伴随性强的媒介，可以"解放"双眼、双手，让听众边做其他事情边听广播。在一天24小时当中，除睡眠时间外，人与时间的关系可以体现为必需时间——工作8小时为主；必要时间——工作和生活所需的必要付出时间；休

❶ 庞元正. 如何理解以人为本的科学内涵[N]. 解放日报,2006-03-13.

息时间——生活质量和社会化程度的集中体现。广播在以上三种时间关系中，都可以做到不同程度地嵌入听众生活。②传播的即时性。电波传播几近与事件发生同步，广播的直播传播使频率成为开放性的“时间版面”。广播的持续滚动播出实现了理想中的即时传播与接受。③非可视化和听觉感染力。当听众从无意注意进入有意注意的专注性收听和持续收听后，广播可以带来听觉上的联想、形象和感悟。④收听状态的移动性。当今已进入空间升值、时间贬值的流动社会，从庞大的流动人口大军到汽车社会，移动收听进入升值时期。⑤音频媒介成本相对低廉，技术门槛较低、易操作。⑥广播是高存活性媒介。尤其是半导体广播靠电池供电，可以离开电源，灵活机动地收听。在公共事件突发时，广播的这一优势在信息传播中体现得尤其明显。❶ 广播声音传播与生俱来，往往是潜在性的，只有广播从业者有效开发、成熟驾驭，才能实现广播所特有的人本价值和社会价值。

马斯洛的需求层次理论把人的需求分成生理需求、安全需求、爱和归属感、尊重和自我实现五个层次。在自我实现需求之后，还有一层自我超越需求。虽然，通常不被认作马斯洛需求层次理论中必要的层次，但近年来被更多地应用于积极心理学的建设当中。积极的社会心理包括了一些人类重要的美德和力量，比如智慧、勇气、人性、正义、节制、灵性超越等，❷ 这些美德恰恰是所谓社会正能量的来源和动力。作为一种“心灵媒介”，广播除了提供信息服务这一基本价值之外，它更具有营造积极社会心理的深层利用价值。尤其是体现为对弱势群体，包括老人、残疾人、边缘人群、困难群体的尊重、体贴和呵护。因此，广播成为社会转型期心理疏导和情感交流的平台。❸

---

❶ 曹璐. 广播新闻理念与实务创新研究[M]. 北京：中国广播电视出版社，2007：6-8.

❷ Snyder, C. R., and Lopez, Shane J. Handbook of Positive Psychology [M]. Oxford: Oxford University Press, 2011.

❸ 曹璐，邓炘炘. 社会转型与广播媒介功能的深层开发[J]. 中国广播，2006(5)：10.

（二）对广播的常态依赖与特殊依赖

1976年，美国学者狄弗勒（M. L. DeFleur）和博罗奇（Ball-Rokeach）正式提出媒介系统依赖理论（Media-system dependency）。其基本思路是把媒介作为"受众—媒介—社会"这一系统中的一个有机组成部分，媒介联结了受众与社会结构。这一理论认为，一个人越依赖于通过使用媒介来满足需求，媒介在这个人生活中所扮演的角色就越重要，而媒介对这个人的影响力也就越大。个人、群体、媒介和社会系统之间的相互作用、相互影响和相互依赖的互动关系，其实就是一种媒介生态关系。这种生态关系既是信息传播和媒介运作的客观存在，也是用来描述及解释大众传播现象与规律的可靠途径。❶

听众对广播媒体的依赖首先表现为常态依赖或日常依赖，即广播通过日常提供的信息满足听众的基本需求。就健康广播而言，即提供听众想知、欲知、未知的健康信息，包括新闻报道中的健康信息，以及健康节目中的健康养生知识、健康理念、疾病防治原理和健康服务等。

其次，听众对广播媒体的依赖还表现为异常依赖或特殊依赖。即当社会发生重大变化时，受众迫切需要从媒介获取信息，了解事态情况变化，以便进行判断、决策和行动。媒介系统依赖理论的一个重要特点是，运用动态的观点解释人们形成各自媒介组合的过程。它指出，当情况（环境）发生变化时，人们为自己构造的媒介系统也随之发生变化。"例如，在一场危机时期，我们构成一种将能最好地服务于当时最重要的个人目标的媒介系统。当危机结束时，我们也许会恢复我们日常的媒介系统，重新建立适合于达到日常目标的媒介依赖关系。"❷ 尤其是在突发公共卫生事件或灾难

❶ 张咏华. 一种独辟蹊径的大众传播效果理论——媒介系统依赖论评述[J]. 新闻大学,1997(1):27-28.

❷ 张咏华. 一种独辟蹊径的大众传播效果理论——媒介系统依赖论评述[J]. 新闻大学,1997(1):30.

性事件中，电视、网络媒体受制于其传播技术的相对复杂，往往不能第一时间作出反应，而广播则可以成为灾情中的“生命线”。

2003年“非典”的发生，让中国公众认识到了公共健康以及健康传播的重要性。2008年四川汶川地震，广播媒体利用便捷、高效的传播优势在卫生防疫救助信息发布、心理救援建设等方面都提供了大量健康服务，体现出广播公共服务的人本精神。2013年四川省芦山地震发生后，中央台第一时间启动“国家应急广播”报道程序，是首次以“国家应急广播”为呼号，在突发灾难事件中对灾区民众定向播出的应急频率。“国家应急广播”在芦山地震当中，除了及时播报政府公告、救援信息、听众热线、专家访谈、记者连线外，还特别有针对性地提供了灾害互助热线、救援知识、实用卫生科普信息等，成为震区最快捷的沟通渠道和最具人文关怀的心理抚慰。❶

在重大突发公共事件发生时，公共卫生与健康问题会得到激发。灾区群众急须获取生命救援、灾后传染病防治、灾区公共卫生服务、心理健康救援等方面的信息，于是形成对广播媒体的在特殊时期内的特殊依赖。广播在此时成为公众必听必备的应灾工具。

第三节　文献综述

一、健康传播的概念和意义

王迪在《健康传播研究回顾与前瞻》❷一文中指出：健康传播是美国于20世纪70年代开始兴起的传播学研究领域。健康传播一方面是在医疗健康领域验证、修正和发展传播学的理论与假设；另一方面是通过传播的技巧

❶ 新华网. 国家应急广播首个定向应急频率开播[EB/OL].（2013-04-23）[2016-05-20] http://news.xinhuanet.com/politics/2013-04/22/c_115493814.htm.

❷ 王迪. 健康传播研究回顾与前瞻[J]. 国外社会科学,2006(5).

和手段，研究与健康有关的重要问题。健康传播的发展是美国社会福利和保障体系的日益完备、传播技术的发展和多种传播方式应用日益广泛的结果，也是传播学领域日益与其他学科交叉、融合、不断拓展的结果。健康传播在我国刚刚起步，也将成为我国未来传播学、社会学、医学、公共政策科学等学科所共同关注的领域。

简单梳理一下“健康传播”的定义，大致有以下两种。第一，凡是人类传播的类型涉及健康的内容，就是健康传播。这是对“健康传播”概念的广义的界定，同时也是目前在健康传播领域中应用得最广泛、最权威的定义。第二，健康传播就是以大众传媒为信道来传递与健康相关的资讯，其目的是预防疾病、促进健康。健康传播就是有效地传递与健康有关的知识，影响人们的态度和行为方式的改变，从而达到有效预防疾病、提高国民生活质量和健康水准的目的。

2000 年，在美国国家健康计划“2010 年的健康人”（Health People 2010）的目标中，将“健康传播”定义为一种技巧或者手法，通过这些来研究与健康有关的重要问题。该计划将 2001 年的项目报告给“健康传播”下的定义是：“研究和使用传播策略来告知和影响个人及社区的增进健康的决定”。通过对以上概念的梳理，可以看出现有的“健康传播”概念有两种定位：①广义概念定位。健康传播的范围很广，包括大众传播、组织传播和人际传播；涉及的主题可以多种多样。②“传播策略”定位。重视健康传播的效果，目的是说服对方，从态度的改变达到行为的改变。虽然这些定义各有侧重，传播主体和渠道多种多样，且涵盖不同传播方式，可以使用多种传播理论和假设进行研究。它可以是“撒播”，也可以是“说服”，但是都集中体现了一个目标，即传播的内容是有关健康的信息，目的是希望达到传播的效果。

美国学者认为，美国的健康传播领域主要有两大分支：一是“健康服务传递”（health care delivery），一是“健康促进”（health promotion）。前者的研究议题以医患关系和人际传播为主，健康服务的提供者（providers）和消费者（consumers）通过对传播技巧的掌握和运用，更好地传播和接收信息，确定治疗方案；后者的研究议题以媒介和大众传播为主，实施者通过说服（persuasion）的手段对消费者的认知、态度和行为施加影响。作为一种实践行为，健康传播由古至今历史悠久。但作为一门学科或学术分支，健康传播却十分年轻。一般认为，美国是现代健康传播学科的发源地，健康传播研究从20世纪70年代起步，80年代走向成熟，现在已经较为完善。

关于“健康传播”这一概念的定义，学界一直缺少一个全面、完善并得到广泛认同的定义。不同学科领域和知识背景的研究者从各自的研究视角出发，对健康传播进行界定。这些概念从不同侧面强调了健康传播的不同特点。张自力是国内较早从新闻传播学的角度系统研究健康传播的学者，他以研究取向为依据，将现有的健康传播定义划分为四大类别：主题取向、功能取向、传播层次取向和情境取向（张自力，2009）。

1993年，在由北京医科大学主编的《健康传播学》一书中，对健康传播的定义是：健康传播史健康信息传输、流动的过程，是一个社会组织、群体或个体运用传播手段，针对目标人群或个体的健康行为问题，进行适宜的信息传播。健康传播发生在传递一项健康信息至受传者接受这项健康信息的过程，其性质和作用在于帮助人们获得在健康问题上做出决定所需要的事实、意见或态度，以利于解决健康问题和改善生存质量。这是国内研究者最早对健康传播所下的定义之一。按照张自力的划分类型，该定义应属于功能取向一类。张自力认为，健康传播学具有多元交叉性，对于任何一个健康传播问题，单一取向的研究都将是不充分的。

按照1993年国内研究者给出的概念，健康传播的主体实际上非常广，既可以是大众媒体机构（大众传播），也可以是社会组织（组织传播），还可以是某个群体（小群体传播）或个体（人际传播）。类似地，赵曙光等人的实证研究（2010）从医患、政府、社区和媒体四个维度测量了不同主体在健康信息传播中的参与程度，及其与公众的互动水平。研究发现，健康网站、报纸杂志、电视节目是公众主动搜寻健康信息的三条最主要方式；

也就是说，大众传媒在健康信息普及和教育中所发挥的力量要远胜于其他传播主体。但由于该研究所实施的调查缺少传统广播这一选项，所以无法看出广播健康传播被需求的价值。

张自力梳理了自19世纪20年代以来，中国近、现代健康类大众传媒的发展历史。他将近200年来中国的大众健康传播史分为五个阶段：近代健康类大众传媒的萌芽期（19世纪20年代~20世纪早期）、现代健康类大众传媒的起步期（20世纪80年代以前）、现代健康类大众传媒的发展壮大期（20世纪80年代~20世纪90年代中期）、健康类大众传媒的市场化探索期（20世纪90年代中期~20世纪和21世纪之交）、健康类大众传媒的专业化与数字化时期（21世纪初至今）。该历史梳理的过程偏重于平面媒体和电视媒体的史实记录，有关广播健康传播方面的进展记述得偏少，只提到了1995年全国首家医疗卫生专业频率山西健康之声的开播，以及新世纪初期广播专业化进程中健康频率在省级层面的增加。这与健康广播自身发展缺乏成熟感和系统性有关，也与健康广播研究和记录的匮乏有关。

健康广播是广播公共服务职能的一个重要面向。它以广播为介质向公众传播健康知识、提供健康帮助和服务，是广播健康传播的主要内容。因此，应该将本研究放在健康传播的整体框架下，以广播节目运行为切入口，来考察、分析我国健康广播发展的现状、存在问题和解决思路等。

二、健康传播的研究方法与研究方向

张自力在《论健康传播兼及对中国健康传播的展望》[1] 一文中提到，健康传播的研究议题是广泛的。它既包括以艾滋病预防为龙头的疾病预防，还包括药物滥用预防、医患关系研究、计划生育、癌症的早期发展、戒烟等内容。所有这些议题的最终目的，都是提高大众的健康水平，延长人类的预期寿命。按性质分，健康传播研究属于“专业传播研究”，它与“一般

[1] 张自力. 论健康传播兼及对中国健康传播的展望[J]. 新闻大学,2001(3).

传播研究”同属广义的传播学研究。健康传播作为传播学一个独特的分支，既有传播学的共同特点，又有特殊的要求。它要求从业者不仅具备新闻与传播方面的素质，而且还要掌握公共健康、社会学、心理学、教育学和公共政策等方面的知识；只有如此，才能在实践中得心应手，获得传播的良好收效。健康传播研究的另一个特点是，将第一手材料的调查作为一种基本的研究设计加以运用。这对第一手材料调查和焦点群体访谈对健康传播而言，特别适用。传统传播学研究中的内容分析、控制实验、个案研究等研究方法在健康传播研究中并不常用。

本研究侧重从一般性传播研究的角度去观照广播媒体上的健康公共传播。整体上看，研究涉及两层语境：一是广播的语境；二是健康公共传播的语境。研究既要从广播运行的方方面面去看“健康”，又要把“健康”放在社会多元生态的宏观背景下进行观察。因此，研究本身是一个媒体与社会相关的复合命题。

张自力在《健康传播研究什么——论健康传播研究的九个方向》❶ 一文中提出了健康传播研究的九个重要方向，分别为：大众健康传播媒介与效果研究，组织健康传播研究，以“医患关系”为核心的人际健康传播研究，健康教育与健康促进研究，健康传播的外部环境研究，健康传播与文化研究，艾滋病、安乐死、同性恋、器官移植等特殊议题的研究，健康传播史的研究和突发公共卫生事件（健康危机的传播）的研究。

任景华在《从孕育到成熟——健康传播的历史演进与走向》❷ 一文中，对健康传播的形成与研究领域进行了较有建设性的划分。他指出，健康传播经历由古代自发的状态到现代自觉状态的转变。现代健康传播是随着人类新的健康理念的确立和传播学理论的发展而出现的，是在重大社会公共卫生事件的催生下不断成熟的。健康传播研究的领域大体分为与疾病诊疗相关的医患沟通，与提升健康水平相关的健康促进运动，以及与风险传播

❶ 张自力. 健康传播研究什么——论健康传播研究的九个方向[J]. 新闻与传播研究,2005(3).

❷ 任景华. 从孕育到成熟——健康传播的历史演进与走向[J]. 东南传播,2010(10).

相关的风险健康讯息传播。现代健康传播经历重大的转变，健康传播的专业化与大众化，是健康传播未来的发展趋势。

研究者认为，突发性公共卫生事件将健康传播的重要性凸显出来。在医学专业领域的研究之外，政府、社会和媒体等多个层面的健康传播成为健康传播、健康促进教育的重要研究方向。

三、健康传播在具体媒体领域的应用

李杰在《媒体健康传播对提升全民健康素养的意义》一文中指出：国民健康对社会的而言，不仅提供了发展的基础，健康问题的解决本身也能促进经济增长。在现行媒介环境下，媒体已成为公众获取健康知识的重要渠道。中国慢性病死亡人数占总死亡人数的 81%，而这些慢性病可通过改变生活习惯来预防。传染病可通过打断传染三环节中任何一个环节，即能控制其流行。因此，媒体的疾病预防信息传播将指导公众远离疾病，为全民健康素养的提高发挥重要作用。由于公众了解到的世界是通过媒体“拟态”化了的，政府部门有义务、媒体有责任传播科学准确、客观公正的信息，杜绝伪科学和以商业为目的的健康信息。

汤浩在《论健康传播中的传媒角色》[1] 一文中指出：社会中健康传播的开展离不开大众传媒。大众传媒通过健康议题的设置，促进公众对相关问题的认知和态度行为改变。在健康传播中，大众传媒充当几种角色：社会健康环境的瞭望者，医疗健康政策制定的呼唤者和推动者，医学健康知识的普及者。

李杰、汤浩二人的研究探讨了媒介在大众健康传播、健康教育当中应承担的媒体责任，这也体现着媒体公共服务的属性和价值。但是，在我国现行的媒介体制环境和运行机制下，公共健康价值一直受到商业健康价值的冲击，所谓“伪健康”的信息传播在广播行业一直未能杜绝。因此，本

[1] 汤浩. 论健康传播中的传媒角色[J]. 湖南大众传媒职业技术学院学报,2008(3).

研究也有必要对这一层面的问题和原因予以考察。

王宇在《广播健康频率的发展价值、问题及空间》❶ 一文中指出：健康广播发展的价值在于公众需要健康信息和服务，公众的健康素养水平偏低和健康卫生教育需要媒体助力；借健康之名的伪健康传播、节目内容的泛健康传播、健康广播的老年化传播和健康节目的去病化传播是健康广播现存的问题；健康广播的发展出路在于内容定位专业化、服务对象多元化、节目形式互动化、节目平台网络化。

董敬红在《健康节目：探寻规律中满足市场需求》❷ 一文中，从实践层面提出了健康广播发展的可行性路径：找准节目定位，增强节目的实用性、指导性，创新节目形式，弱化说教功能主持人要找准角色定位。

陈甜甜等在《健康传播视域中的中国电视健康节目分析》❸ 一文中提到，在人们健康意识不断提高和电视分众化传播时代，以及浅阅览时代到来的背景下，电视健康节目不断涌现并受到越来越多观众的喜爱。这其中存在电视节目娱乐化趋势明显、传播者专业水准欠缺等问题。在今后节目的开办过程中，应注重提高电视制作者和主持人的专业素养，使其树立正确的传播观念。同时，还应提高约请专家的专业能力，并将专业术语简单化，这样才能传播更多的健康知识，提高传播效果。

以上几位研究者从现有健康广播（电视）节目的问题出发，提出了节目改进的思路和建议，尤其是涉及健康节目的供需平衡和供需质量。我们的研究在此基础上还应当关注到新媒体语境下，健康传播在供需、传受之间关系的转化，以及健康广播在新媒体时代所面临的机遇、挑战和可行路径。

---

❶ 王宇. 广播健康频率的发展价值、问题及空间[J]. 中国广播电视学刊，2011(6).

❷ 董敬红. 健康节目：探寻规律中满足市场需求[J]. 传媒，2006(7).

❸ 陈甜甜. 健康传播视域中的中国电视健康节目分析[J]. 新疆财经大学学报，2013(3).

四、关于“伪健康传播”的研究

医药节目是健康信息和广告信息的复合体，但出于商业价值最大化的动机，广告商总是希望尽可能地压缩健康信息，而更密集地向听众推送广告信息。并且，这类节目在传播目的和健康教育的效果上，与本质意义上的健康传播亦是相去甚远。因此，一些研究者用带有批判色彩的“伪健康传播”，来指大众媒体中不以传播健康为目的或不利于公众健康素养提高的传播内容和传播行为。有研究者将“伪健康传播”的原因归为三点：人民物质生活水平的提高，媒体社会责任感的弱化，受众媒体素养健康素养的缺乏。进而，针对如何杜绝“伪健康传播”的问题，提出了一些应对措施或建议：加快健康素养知识与技能的普及，增强媒体的社会责任感，以及开展媒体素养教育等（何淼，2012；南肇胜，2011）。但是，是否媒体增强了责任感、健康知识得到普及之后，医药节目等“伪健康”节目就会自然消失呢？我们虽然不能预测性地回答这一问题，但至少可以认为，责任感和健康素养不是决定医药节目存在与否的首要或主要原因。

还有些批判是针对传播者和节目质量的。在这些“中医名家”“专家主任”中，有一些是来自医科大学附属医院的专家教授，有正规的学术背景和理论知识。然而，也存在一部分“专家”根本没有国家卫生部门的认证，却在媒体的宣传中自称专家、世家。这不但是对广大民众健康的不负责任，也是对社会的不负责任。从“张悟本事件”这个典型的事例我们就可以看到这一点。（郝赫，2013）基于此，研究者认为，养生类节目越来越呈现娱乐化、商业化和同质化的趋势。从提高节目质量的角度，有研究者建议：保持严谨的科学态度，在有限的时间里多给受众提供一些健康信息；提高传播者健康传播的专业素质；制作人在进行节目内容选择和审查时应注重信息的贴近性（陈甜甜，2013）。但是，这些基于从业者自律和业务自觉性的建议究竟应该如何操作？比如，应采取什么节目编排和组织形式来避免同质化？深入浅出、科学专业的健康知识如何与节目的耐听和耐看进行调和？如果能结合实际提供一些回答和可行思路，或许上述批判性叙述才更站得住脚。

中国台湾地区学者陈文玲从学界的社会观点和从业人员的业界观点探讨了广告道德的问题。广播作为大众传播的主要渠道之一，承担着公众健康教育和知识传播的责任。但在创收压力的挑战下，广播媒体普遍选择为医药广告搭建平台，以此造成传播健康的假象。在深层意义上，这是广播行业结构性发展的问题。但从业务操作的具体层面看，这又属于广告道德或传播道德的问题，是媒介社会责任的一种集体缺失。但是，道德批判并不能解释问题和矛盾的症结。一直以来，有关媒介道德的研究很容易陷入道德批判的片面阵地，较少从“硬币的另一面”结合业务实践的实际情形，对现象进行双面的深层剖析。陈文玲的研究则关注到从业者的反馈，采用问卷[1]的形式收集从业者的观点，以此与人文学者的关注和讨论进行比较观照（陈文玲，1992）。研究立场的客观中立与新闻报道的平衡性原则一样需要维护。本研究的讨论过程中也会涉及媒体道德的议题，我们需要做的不是道德的评判，而是从各个侧面、各方立场去提供说理的依据，从而作出一些相对公允的解释。

郑怡卉的研究关注了新闻报道中的“伪科学”问题。研究者认为在医学和健康领域也存在伪科学议题，而且跟文化脉络有一定牵连。例如，能量、气功、民俗疗法等实际上都与中华民族的武术、道教及中医养生有关，容易引起一般民众的兴趣和信任感。其中，可能存在的伪科学，也因此会更直接地对公众造成负面影响。郑怡卉以中国台湾地区发行量最大的四家报纸的200多条新闻为对象，用内容分析的方法，对新闻报道中伪科学的议题和呈现方式进行了定量描述和解释。

---

[1] 研究者向访问者提出了三个开放性问题。在论述过程中，研究者并没有列举调查数据，而是以引述研究者的回答为主。因此，从严格意义上说，这种研究方法更近似于无结构访谈，而非问卷调查。

五、关于医药广告的研究

如果从功能角度讲，健康传播的核心价值或功能是促进公众身心健康。这一点与我国传统广播设置健康类节目的初衷是吻合的，即通过节目宣讲实施健康教育，推广健康信息。尤其是在我国人口老龄化问题日益突出的当下，公众对健康信息的需求推动着传统广播对健康议题的广泛关注。但是，20 世纪 90 年代以来，医药行业盯上了广播广告的低门槛和在中老年听众中的传播力，他们将医药产品广告变相植入广播节目。广播行业面对市场化竞争的压力，不得不无奈妥协，与医药厂家合作，为医药广告挂上健康的招牌。它们一边求生存一边透支媒体信誉。

姚丽萍认为，电台创收过分倚重医药节目造成了广播广告结构比例的畸形。一旦医药节目在投向和投放量上发生变化，电台便会面临“牵一发而动全身”的危机（姚丽萍，2007）。然而，在广播产业发展不充分、广告投放占比甚微（谭天，2006）的环境下，拦腰砍断医药节目恐怕会对电台收入造成直接影响。学者崔恒勇提出，既然不能合理退出，是否可以通过调整医药节目的客源和改造播出形式，来减少广告收入中的泡沫成分呢?（崔恒勇，2011）各个电台在这一方面所花费的气力显然不同。本研究也会从医药节目的视角去反观健康广播的发展。医药节目在本质上有违广播公共服务的职能和基本属性，但同时又是二元广播体制之下电台生存的一条依赖路径。在此条件下，电台处在对医药节目改与不改的两难境地，只有政策的外力才能助推电台医药广告整改的实施。本研究会在前人研究的基础上对医药节目的整改、健康广播的功能还原问题进行论述。

健康传播研究者将健康广告（Health advertising）作为健康信息的一部分进行过心理学、文化学的阐述。现代广告分为说服性广告、机械性广告、暗示性广告、投射式广告四种不同类型和模式（陈卫星，1997）。这四种模式的一个共同点是，利用语言技巧和受众的权威崇拜心理、求知心理和激励心理等心理诉求，诱导消费者信任和购买产品。医疗健康领域相对于一般的社会生活领域而言具有更强的专业性，因此在健康广告的传播过程中，专业权威的可信度和接受度明显增高。公众对广告信息内容越陌生，权威崇拜心理就越显著（张自力，2009）。在美国，这种直接针对消费者的媒体广告被称为DTC（Direct-to-consumer）广告。美国学者认为，药品公司可以绕开医生，直接为病患者提供新的治疗选择（帕特里夏·盖斯特——马丁等，2006）。研究者列举了氯雷他定（Claritin）获得销售成功的案例。最初，该药通过电视和杂志的“提醒广告”介绍给公众，广告多次重复药品的名字，伴以赏心悦目的图像。但广告并没有解释这一药品的用途，只是指导消费者询问他们的医生——这样，需要的“种子”就被播下了。这样的做法与我国广播中的医药节目是吻合的，例如，反复强调药品的适应性和场外咨询（购药）电话等，以暗示听众接受和信任这些信息并刺激其购买欲望。

中国台湾地区研究者分别从传播接受和传媒广告运营的角度，提出了健康传播中存在的两个问题：一是民众信息来源虽然更为多元，但也使得大量缺乏实证依据的健康信息充斥其中。加上民众的健康素养仍然不足，因此一旦出现重大医疗争议（如药价、医保等），或当健康医疗议题被过度营销时，民众往往无法具有足够的专业知识或充分的消费者权益意识，可予以判断或制衡。这一点实际上跟大陆的情况是一致的，多数民众并不具备足够的能力去辨别健康信息的真伪，尤其是当健康被越来越多的商业元素所包裹，并通过媒体传递到外界时，受众能从中获得多少有价值的信息呢？恐怕“沦为”被动消费者的机会更大。

研究者的另一个观点是：中国台湾地区有关医疗营销与广告的相关法规与伦理守则，在形式上极度限制医疗广告的内容。但实际上，医疗服务提供商游走在条文规范的灰色地带，主管机关无力管理的现象屡见不鲜。而以推销医疗业务为内容的营销或广告活动，正是这样一种处于灰色地带的行为（徐美苓，2005）。我国内地的情况是，从20世纪90年代中期开始，一方面广播电视媒体开始出现卖药广告专题，且在全国范围内普及和流行；另一方面以医药医疗广告为约束对象的法律、法规等密集出台。但是出于事业单位转企改制、自收自支的经营压力等，广播电视并没有形成自觉意识去剔除卖药节目；相反，在某种程度上，它又与医药广告商结合利益共同体，在法规的灰色甚至是“红色”地带进行医药营销。

六、广播健康传播的外环境

我们将“外环境”分为两个层面，一是与传统广播相并列的媒体环境；二是健康传播所生存和依赖的社会环境。大卫·阿什德在《传播生态学》中指出：“在最宽泛的意义上，传播生态指的是信息技术的结构、组织和易接近性（accessibility），以及各种论坛媒介和信息渠道。”（邵志择，2003）这一概念强调的是信息技术对传播生态的影响。也就是说，在传播行为发生的具体环境中，除了人自身的因素外，最重要的就是传播媒介技术的特性。在人与信息技术的互动过程中，传播生态逐渐形成。

支庭荣在《大众传播生态学》（2004）中把传播生态定义为：“传播系统内部的组织、结构、冲突及其与个体、人群、社会大环境之间的互动与演化。”我们可以认为，传播生态环境即大众传播媒介生存与发展的环境，也就是在特定的时间和空间，媒介及其传播活动与社会政治、经济、文化及其他因素相互影响、相互作用的动态有机系统。用生态学中生态位规律的观点看（邵培仁，2001），任何一种媒体都必然有其特殊的时间与空间上的生态位（Niche），即有其特殊的生存与发展的土壤和条件，以及它在这一状态下的特有行为和作用，很少有两种媒介能长期占有同一生态位。同属时间生态位的广播和电视，广播占据的是时间中的以传播声音为主的频率空间生态位；电视占据的是时间中的以传播声画为主的频道空间生态位。

卢毅刚（2011）认为，对一个地区传播生态的研究应该从两个层面做出定位。其一是传播气候，即弥散、渗透在该地区的大传播背景。比如，流行的传播方式、普遍的传播观念、外来的传播行为影响等。其二是传播氛围，即该地区特有的文化、经济、受众等因素凝结而成的具有区域传播特性的多维时空概念。例如，地区的区域性、地区的民族性、与其他地区形成差异的性征等。传播生态是一个整体互动的概念，蕴含受众、媒介、经济、社会复合生态的内容。

中国台湾地区学者郭良文，从自我认同、团体认同、社会阶层与制度认同、跨文化与全球化认同等四个维度，结合具体案例和理论支撑，分析了现代广告中的“认同”（identity）行为和内涵（郭良文，2000）。这种由内而外的传播层次包含关系，也在大陆的健康传播研究中得到了呼应。韩晶等人（2012），从传播原生态、内生态、外生态三个层次分析了健康传播在微博平台上的传播现象。其中，“去中心、多元化传播和浅阅读”是微博健康传播的原生态因素。这一因素强调的是自媒体的技术特征和传播特性，与大卫·阿什德对“传播生态”所下的定义是相契合的。

胡百精（2012）关于健康传播“知信行”范式的研究，也突出了原生态的层面。胡百精认为“信息飞沫化”“传者去中心化”和“大众生活社交媒体化”三个新媒体传播特征直接挑战了由知识传递、态度改变和行为达成三个要素构成的健康传播“知、信、行”的经典范式。即在认知层面，信息飞沫化导致单向灌输机制的弱化和失灵；在态度层面，去中心化正在消解传统意义上受者对传者的信任、信心和信念；在行为层面，健康促进需要适应新媒体主导的大众生活轨道，而这些轨道时空交错、节点纷繁。因而，推动单向宣传自上而下的健康教育发展为双向交互平等对话的健康传播，是新媒体为“知信行”提供的新方向。换言之，原来的教育者和受教育者应当成为对话者，展开双向平等均衡的公共讨论。

韩晶所说的内生态因素指的是受众需求和文化供给，政策、国情则是所谓外生态因素，这二者实际上是健康传播社会人文环境的构成部分。我国于2008年正式提出的“健康中国2020”战略蕴含着全民健康、人人参与的大健康理念。有学者提出，个人健康化向社会健康化的转变，意味着人们对健康和疾病的观念既应放在宽广的文化处境下考察，又要从动态发展和历史变迁的角度去看待，要从宏观社会结构和制度安排的层面去思考（刘继同，2005）。具体到本研究而言，医药节目所处的内生态环境，一是基于公众日益强烈的健康需求而逐渐升温的“养生热”；二是受众的健康接受能力、水平及其影响因素。而外生态环境则体现出更延展的一面，它不仅受国情的影响，还受地域文化、气候环境、经济和消费水平、广电政策等众多因素的影响。论述和分析过程中不能局限在广播电台的单一层面，也应当把裹挟在广播节目之外的若干生态因素一并纳入讨论，以期得出相对深刻的解释和结论。

七、健康广播研究尚待加强

我们目前对健康传播的研究是远远不够的，特别是在传播学界对该问题的研究较为简单粗浅。韩纲在《传播学者的缺席：中国大陆健康传播研究十二年——一种历史视角》❶ 一文中，以健康传播研究在中国大陆发展的历史为视角，通过对 1991—2002 年国内主要发表健康传播相关研究成果的专业期刊的回顾和分析，从论文发表年份及期刊分布、作者单位、主要研究议题和主要研究方法等几个方面，初步探讨了大陆健康传播研究的整体状况。研究发现，大陆健康传播研究的相关学术论文主要刊登在医学、卫生专业期刊上；主要研究者为医学、卫生专业（研究与实务）人员；实证研究是大陆健康传播研究的主要研究方法；大陆健康传播研究的主要议题是传播效果及大众媒介的编辑、报道业务。该文章揭示，传播学者的缺席是 12 年来大陆健康传播研究的重要特征。

喻国明等在题为《中国健康传播的研究现状、问题及走向》❷ 的研究中，收集了刊载于 1999 年 1 月~2009 年 12 月 CNKI 核心期刊中全部健康传播相关学术论文，采用目标抽样方法，样本量为 412。作者对这些样本进行

❶ 韩纲. 传播学者的缺席：中国大陆健康传播研究十二年——一种历史视角[J]. 新闻与传播研究，2004(1).

❷ 喻国明. 中国健康传播的研究现状、问题及走向[J]. 新闻与传播研究，2011(1).

内容分析，对 1999 年以来中国健康传播的研究路径及发展趋势进行结构化梳理。研究重点为 1999 年以来的健康传播研究始终保持高度的实践应用导向。新闻传播学者的相关研究蹒跚起步，新技术对健康传播的影响、改变和促进开始受到关注。研究主题为，以个人层级知识、态度、行为和人际层级健康教育为重点，“艾滋病”相关研究独领风骚，公共政策层级亟待关注。研究方法为调查法、控制实验、个案研究最常运用。新闻传播学者使用规范研究方法的比例严重不足，体验总结式文章贯穿始终。作者分析了当前我国健康传播研究存在的问题是：①研究滞后于实践发展，有预见性和操作意义的研究成果少。②医学、公共健康学者占绝大多数，新闻传播背景比例偏低，学科合作少。③议题关注范畴窄，大多集中在艾滋病防控、大众媒体传播效果、媒体报道框架分析上。

本研究是以健康传播为视角切入中国健康广播的发展环境，并结合中国社会健康、媒介管理体制、新媒体语境等多角度的规定性，探讨健康广播的现实形态、既存问题和发展出路。现有研究对健康传播的功能和目的已作了十分清晰的说明，即科学有效地传播健康信息，帮助人们改进健康意识和观念，进而提高其健康水平。那么，广播作为健康传播的渠道和手段，应当如何在现实社会生态、体制环境、新媒体发展等多重语境下，进行健康公共传播并体现公共服务职能，成为本研究要关注的核心命题。

第四节　研究内容

本书研究的主体内容从第二章开始。

第二章“中国健康广播的发展路径与发展态势”。任何广播形态的出现和发展都有其特定的历史规制和现实的推动力，健康广播的情况也是如此。健康广播伴随中国广播的诞生而出现，其所经过的每个阶段都与当时中国社会的政治状态、经济面貌紧密相关。转型期的中国社会面临经济与环境的矛盾、制度管理不成熟的因素、公众文化和健康素养的薄弱，以及未富先老的人口老龄化社会环境等社会问题。中国健康广播的现实发展定位于此、也受制于此。同时，健康广播在广义和狭义两个层面都有各自不同的呈现形态，受众对广播的常态依赖和特殊依赖也体现于此。第二章一方面对广义健康广播，即在新闻信息层面的健康广播进行形态解读，另一方面也重点对狭义的健康广播，包括健康知识和服务性节目，以及突发公共事件中的健康传播等进行系统分析。

第三章“健康广播中的医药节目探析”。在健康广播的发展过程中，医药节目对其全方位的渗透是一个不容忽视的问题。医药节目套用了健康广播节目“主持人+嘉宾+热线”的结构方式，在“健康”的名义之下从事变相广告传播。但这些医药节目又因为自身广告成分的多少而呈现出不同的面貌。有的是知识性和广告性交杂，有的则表现为强行广告售卖。正因如此，医药节目作为健康广播中的一个特殊产物，渗透在电台实际运行的多个层面。它们在为电台创造了庞大的经济效益的同时，也产生了一系列传播乱象。近几年来，有的电台开始尝试摆脱对医药节目的依赖，从不同层面上作出整改。但从实践看来，这种整改整体难度较大，也会面临诸多新的问题。

第四章“中国健康广播发展的前瞻性思考”。健康因其自身所具有的深刻的内在价值，而应该成为评估社会发展的一个重要维度。健康的生活本身就是好的生活，是人们普遍认为有价值去追求并实现的最终目标之一。广播是社会公众尤其是中老年人群接触健康知识、获取健康服务、提高健康素养的重要渠道，应当从媒体责任的角度出发承担服务公众身心健康的义务。现有健康广播节目在形式和内容仍留有改进的空间，健康广播应当在新媒体环境下积极寻求突破和创新机遇，从而以更丰富的业务形态满足受众的多元化需求。第四章重点就健康广播公共属性的坚持、健康广播传播者能力建设、新媒体环境下健康广播的发展空间等展开分析和讨论。

第五节 研究方法

本书主要采用了文献研究法、深度访谈法、比较研究法、个案研究法等研究方法。

一、文献研究法

文献研究法贯穿于本书整个研究的始终。本研究所使用的文献主要包括以下三个方面：一是健康传播学、广播体制、媒介管理体制及健康心理学理论相关的研究文献；二是新中国成立前及新中国成立之后广播发展的历史、史料记载等文献；三是关于我国卫生制度建设、卫生服务发展、健康促进、健康教育等相关的研究成果等。

此外，从电台获取的部分内部资料也是本研究所使用文献的一个重要组成部分。本研究将内部资料与访谈内容进行对比梳理，两部分材料作为一手论据在写作过程中得到相互印证。

二、深度访谈法

本研究的深度访谈主要围绕两类对象展开：一是电台从业人员，如健康广播节目主持人、频率负责人、广告部门员工等；二是具有健康广播收听习惯的听众。

三、比较研究法

研究在分析电台对医药节目的发展转型时，对北京台和河北治两例个案，进行对比研究，从中看到电台之间处理这一问题时的不同路径选择。研究还介绍了美国、英国、日本在医药广告监管方面的实际经验，提出了加强我国医药广告管理的可行性。另外，研究引入 BBC、NHK、ABC 健康广播的经验和具体做法，与我国健康广播节目的业务形态进行对比，并提出了相应的观点。

四、个案研究法

本研究重点以河北电台、北京电台、唐山电台三家电台为主要观察对象，在分析过程中做到研究对象的尽可能明确。比如，在分析医药节目对健康广播的渗透时，重点以河北电台在 2012—2014 年的情况为根据，针对具体问题展开了说明和解释。在分析健康广播频率的业务形态和专业化运行时，重点以“江苏健康广播”为案例展开讨论和分析。

第二章　中国健康广播的发展路径与发展态势

任何广播形态的出现和发展都有其特定的历史规制和现实的推动力，健康广播的情况也是如此。健康广播伴随中国广播的诞生而出现，其所经历的每一个发展阶段都与当时中国社会的政治状态、经济面貌等紧密相关。转型期的中国社会面临经济与环境的矛盾、制度管理不成熟的因素、公众文化和健康素养的薄弱，以及未富先老的人口老龄化社会环境等社会问题，中国健康广播的现实发展定位于此，也受制于此。

同时，健康广播在广义和狭义两个层面都有各自不同的呈现形态，受众对广播的常态依赖和特殊依赖也体现于此。本章一方面对广义健康广播，即在新闻信息层面的健康广播进行形态解读；另一方面也将重点对狭义的健康广播，包括健康知识和服务性节目，以及突发公共事件中的健康传播等进行系统分析。

第一节　中国健康广播的发展路径

本节系统梳理了中国健康广播发展的历史脉络，并在此过程中发现不同时期健康广播在传播内容、节目要素等方面的特点。中国健康广播经过的每个阶段都与当时中国社会的政治状态、经济面貌、社会发展紧密相关，也给我们提供了一个观察健康广播的历史视角。

一、改革开放前中国健康广播发展概述

（一）健康广播在上海租界广播中最早出现

中国最早的广播于1923年诞生于上海的租界区。[1] 从广播诞生到20世纪30年代，上海共有6家电台的广播中出现了健康节目，主要是医药卫生常识。而且，这时候的播音已经出现了时段的概念，几家电台的医药常识播出一般在半小时至一小时时长。比如，上海同乐广播电台每周六上午8：00~8：30由朱励新医师讲解医药常识。这种形式已经近似于后来的广播节目。由于广播频率资源相对稀缺，所以当时的健康广播节目每周只固定播出1~2天，并不是全周播出。这几家电台的播出功率较低者15 W、50 W。其中，较高者100 W，另有一家福音广播电台150 W。[2]

由于广播资源和频率的珍稀性，这些电台都非全天播音，而是有选择性地每天播出几小时。而95%以上的节目都在下午时段播出，少量的节目在晚间时段播出，只有极少的一两档节目是上午播出的。从这阶段一直到抗战期间，这种节目向下午时段倾斜的现象一直存在，但史料上并未对此进行说明。

到了抗日战争爆发前夕，6家电台中有两家还在继续播出医药常识，另外新出现了5家电台开设了医药常识节目。这一时期的播出时长略有缩短，大都保持在20分钟左右，但是每周的播出天数却有所增加，有的电台只在周日停播，其他六天都有医药常识节目播出。各个电台的频率处在50~100 W的水平，但福音广播电台这时的功率达到1000 W。有的电台在播出医药常识之外，还增加了卫生救护常识。[3] 抗日战争期间，共有8家电台在

[1] 上海租界，从1845年11月设立开始，至1943年8月结束，历时近百年。在中国近代史上，上海的外国租界开辟时间最早，存在时间最长，面积最大，从而对中国近、现代历史都产生了深远的影响。

[2] 上海市档案馆等. 旧中国的上海广播事业[M]. 北京：中国广播电视出版社，1985：115-130.

[3] 上海市档案馆等. 旧中国的上海广播事业[M]. 北京：中国广播电视出版社，1985：146-172.

播出医药常识、医药卫生节目，播出时长20~40分钟不等。

特别注意到的是，从广播出现到抗战时期，上海租界广播中一共出现过两次医药问答节目。史料中没有记载这种节目的问答方式是基于信件联络，还是电话通话❶，但至少可以看到，听传互动在最早期的中国健康广播中就已经存在。发展至此，所有这些医药常识节目的传播者都是医生、医药专家等专业人员，尚没有发现主持人的角色出现。

尽管这一时期，中国已出现健康广播的内容和形态，但相关的知识和服务只提供给生活在租界区的少部分富裕阶层，大多数群众是无法通过相对“奢侈”的广播得到健康服务的。

（二）政府主导下的健康宣传

从20世纪30年代至新中国成立以前，中国社会处在战争动乱当中，广播在大多数情况是政治宣传的工具。当时社会卫生条件、公共健康状况都无从谈起，广播中缺少真正意义上的面向广大群众的健康传播。

新中国成立之后直至改革开放，我国进入了一个围绕以公共卫生环境改善、卫生防疫为重点目标的健康宣传时期。

1. 爱国卫生运动：以健康为目标的政治性任务

新中国成立初期，全国城乡卫生条件极差，诸多流行疾病、瘟疫等频发，严重威胁到民众的生命健康，成为新中国面临的重大公共卫生问题。1952年3月13日，中共中央、政务院和人民革命军事委员会发出指示，要求全国人民大力进行防疫工作，开展广泛的卫生清洁运动，实行灭蝇、灭蚊、灭虱、灭蚤、清秽等工作，并以城市及交通要道为重点。❷

1956年1月12日，《人民日报》刊载题为《除四害》的文章，号召

❶ 据《招商局史》（张后铨著，中国社会科学出版社，2007年出版）记载，上海招商局于1875年架设电话线，开通了第一部电话，因此这种医药问答也存在电话实时问答的可能。

❷ 《当代中国》丛书编辑部. 抗美援朝战争[M]. 北京：中国社会科学出版社，1990：221.

“在全国范围内开展群众性的除四害运动”。由此，一场以“除四害、讲卫生、消灭疾病”为中心的爱国卫生运动在全国范围内展开。这场群众性卫生运动对于新中国卫生和医疗保健事业的发展起到了重要作用。❶

2. 国家重视卫生传播

与爱国卫生运动的政治重大性相一致，这一时期的广播健康宣传也被提到很高的位置。中央电台和许多地方电台都把医药卫生传播作为科学传播的一部分，通过节目向听众进行科学普及。电台的科学节目和医药卫生节目也得到科学界、医学界的大力支持。1961 年，中华医学会和中央广播事业局联合组织了“医学广播委员会”，作为中央电台医药卫生广播的咨询机构，一些地方电台建立过类似的组织。❷

从 20 世纪 60 年代中后期至改革开放前，中国社会一直处在政治上的动荡期，这一时期，我国广播媒介最核心的功能是服务政治宣传，健康广播的发展基本处于停滞阶段。

二、市场环境下的健康广播出现活力

（一）健康广播的卫生宣传色彩

1978 年之前，中央人民广播电台有一档《讲卫生》节目，史料上未记载这档节目的开播年份。1978 年 1 月 1 日，该节目更名为《卫生与健康》，每天播出 3 次，每次 10 分钟。节目以“动员起来，讲究卫生，减少疾病，提高健康水平”和“以预防为主”为指导方针，从讲卫生知识入手，使群众增长自我保健、预防疾病的能力。资料显示，直至 1989 年，《卫生与健康》节目仍然存在。

1981 年 3 月，国家成立计划生育委员会，负责全国的计划生育工作。

---

❶ 王月昀. 20 世纪 50 年代上海市爱国卫生运动研究[D]. 上海:上海师范大学,2013.

❷ 邓力群等. 当代中国的广播电视(上)[M]. 北京:中国社会科学出版社,1987:200.

1982年，党的十二大把实行计划生育确定为基本国策，并将其写入新修改的《中华人民共和国宪法》。所以，在在此后一段时间内，各地各级电台的科学知识节目在播出医药知识、人体知识、卫生知识的同时，还将计划生育知识和优生学知识增设进来。比如，《卫生与健康》的播出内容除常见病、多发病的预防和治疗以及新技术、新成果、新医新药以外，还配合党的方针政策和群众关心的问题，举办《人口与优生》《环境与健康》《青春期卫生》等专题讲座。❶

（二）健康广播中的听众互动

根据年鉴记载，中央人民广播电台的《卫生与健康》节目的组织形式活泼多样，有广播讲话、配乐小品、录音访问等。节目内容切合群众的实际需要，因而受到广大听众的喜欢和好评，全年共收到听众来信万余封。❷

辽宁人民广播电台的《空中医院》栏目于1989年8月1日开播，每周播出1~2次，每次10分钟左右。这是《生活百花园》节目中的一个专栏，不算单独的一档健康节目，所以播出时长不长，且每周的播出频率也不高，与最早期上海租界区的健康广播大致相同。这个栏目融学术性、服务性和知识性于一体，由主持人播报先进的医疗科学成果，介绍治疗疑难杂症的良药和保健知识。该专栏还开展了征集民间治病验方的活动，三个月征集民间治病验方万余条。❸ 从中央电台和辽宁电台的这两档节目看，这一时期健康节目的知识性和服务性都较强，而且拥有良好的听众参与基础和互动性。许多电台把科学知识节目和医药卫生节目的广播稿选编成书并出版，被称赞为“保健的指南”。❹

---

❶ 《中国广播电视年鉴》编辑委员．1990年广播电视年鉴［M］．北京：中国广播电视出版社，1990：264.

❷ 同上。

❸ 同上。

❹ 邓力群等．当代中国的广播电视（上）［M］．北京：中国社会科学出版社，1987：200.

三、健康广播的快速发展期

1991—1997 年，全国各级电台共推出健康节目 18 档（见附录）。其中，中央电台 2 档、省级电台 11 档、市级电台 4 档、县级电台 1 档。这一时期迎来了电台自办健康节目的一个热潮。

（一）政府推进下的卫生合作

1994 年，全国爱卫会、卫生部等联合发起“全国 9 亿农民健康教育行动”，并受到国家的重视。作为公众健康教育的主导者，各地卫生部门也通过与电台合作的形式，将医药专家资源优势和电台传播优势结合起来，推出了一系列健康节目。比如，福建经济广播电台与福建卫生厅联合制作了医学咨询节目《人人健康——门诊热线》，于 1995 年 7 月 21 日开播。节目时长 1 小时，节目邀请省属各大医院的百余位名医到直播室接受听众的咨询。[1]

（二）健康广播进入听觉文本时代

从 20 世纪 80 年代末开始，“珠江模式”在各地广播电台中被广泛效仿。一种新的广播业务模式——直播、主持人、板块、听众参与，引起全国范围内“广播热”的升温。“珠江模式”“对中国广播也进行了一次市场经营的启蒙：重视听众意识和市场导向，依托广播地域性和贴近性应对电视的竞争”。[2] 在市场竞争的动力和压力下，广播开始尝试在业务形态上进行创新改革，从新华社的“声音版”过渡到具有真正意义上的听觉文本传播时代。健康广播则逐渐脱离原有的宣传教育色彩，在内容和功能上更加具备贴近性和实用性。

---

[1] 《中国广播电视年鉴》编辑委员．1996 年广播电视年鉴[M]．北京：中国广播电视出版社，1996：264.

[2] 张彩．老龄化社会与老年广播[M]．北京：中国传媒大学出版社，2007：46.

1. 专业健康频率出现

电台与卫生部门在20世纪90年代的进一步合作，体现为专业健康频率的开播。尤其是进入90年代中期，频率专业化发展刚刚在国内兴起和普及，山西电台在当地卫生部门的支持下开办“健康之声”专业频率，并持续发展至今。广东电台在广东省卫生厅的支持下于，1996年4月开办“健康之声”频率。每天6：00~24：00播音，频率拥有100多位医学专家顾问，是一个集服务、知识和娱乐于一体的特色服务频率。但广东电台的“健康之声”未存留至今，中途从专业频率中退出。

2. 健康节目主持人出现

在上海租界区最早期的健康广播节目中，主要由当地的医师通过电台传播医药常识。新中国成立初期至20世纪80年代的健康节目，主要由电台播音员播送健康知识，属于卫生宣传的一种。20世纪90年代，在电台专业化、类型化发展的同时，节目组织形式开始丰富，健康节目中出现了主持人的概念，由主持人引导节目节奏，并与做客的专家交流互动。

3. 直播形式出现

直播形式的健康节目在这一阶段已经出现并有普及的态势。从史料记载中可见，福建电台“经济广播”的《人人健康——门诊热线》节目、广西桂林电台的《名医坐堂》栏目、江西人民广播电台的《祝您健康》节目等，都是以直播形式出现的。

江西电台于1996年3月开播《祝您健康》节目。此节目与江西省卫生厅联合开办。这一节目采用主持人直播形式，请专家在直播间进行保健热线咨询。这档节目融合了上述多方面的特征。

4. 节目突出编排感

这一时期的大多数节目都采用了热线咨询的做法，强调专家与听众的互动，解决听众的健康疑问，为听众提供就医和诊疗建议等。节目的服务性由此得以体现。另外，不少节目通过下设小栏目的做法突出编排感和逻辑感。比如，湖北人民广播电台的《祝您健康》节目下设《医药保健信息》《专家信箱》《特色门诊》《我的健康之路》《心理健康》等栏目。这些栏目各有侧重，集合了信息、服务、互动、心理保健于一体。类似编排精当的节目在这一时期的健康广播中是比较多的。这种节目在形式上的精致感与内容上的丰富性相结合，能在一定程度上传递出电台对自办健康节目的重视。

四、移动互联网时代的健康广播前瞻

（一）网络电台中的健康广播

笔者选取了国内两家较有影响力、用户规模较大的网络电台“蜻蜓FM”和“喜马拉雅电台”，对其进行观察发现，健康服务和健康信息是这两家网络电台中重要的内容分类。比如，“蜻蜓 FM”专设“健康生活”类别，其下又包括：①“最热门”；②“精品栏目”，在 30 档栏目中，有优酷出品的“好奇实验室”、北京人民广播电台出品的“乐活在北京”，有时尚栏目“我是大美人”、食品栏目“食物加工大宝典”等）；③“生活面面到”（23 个）；④“妈咪育儿经”（14 个）；⑤“最牛吃货圈”（16 个）；⑥“名医讲坛”（22 个）；⑦“天天养生”（20 个）；⑧“兴趣推荐”等。这些具体的分项内容来源非常丰富，包括传统广播电台的内容、新媒体的内容、播客内容等。

在“喜马拉雅电台”的“健康养生”板块下，又分设了 8 种具体服务项目和内容产品（见图 2-1），包括：①“女性养生”（35 个）；②“催眠养生”（18 个）；③“中医养生”（58 个）；④“运动减肥”（13 个）；⑤“美容养颜”（9 个）；⑥“美食搭配”（44 个）；⑦“疾病预防”（32 个）；⑧“健康课堂”（38 个）。用户可以根据自己的需求，点击相应服务项目，查找、收听、观看有关健康信息。

图 2-1 “喜马拉雅电台”中“健康养生”板块的分类项目

（二）移动应用中的健康传播

苹果系统的 APP store 设有专门的“健康健美”分类见图 2-2。据统计，在 IPAD 的“健康健美”应用类项中可以检索到 1989 个付费的健康相关 APP 应用，1996 个免费的健康 APP 应用。这些应用多采用以下形式：①围绕健康课程和计划设计 APP，以“视频+社区+计划”为模式提供视频课程。通过用户社区聚合健康需求的人群，并为个人量身打造健康时间表。例如，“每日瑜伽”APP。②扩展移动端的作用，将移动端作为健康工具使用。例如，“心电图仪”APP，将移动端变为测量心率的工具。此时的健康传播已经打破了以往的知识传授模式，在移动端特性的支配下，为用户提供实用、贴近的健康知识和健康服务。

图 2-2　IPAD“健康健美”APP 应用排名

一般而言，传统广播具有被动收听、听觉不确定性、非可视化等传播局限。此外，随着频率资源的日渐饱和，健康广播的扩容空间受限。从上述移动互联平台上健康广播的实例可见，借助新媒体的健康广播可以大大提升听众的主体地位和互动参与性，并由此带来更加贴近和有效的服务性内容。社会资源的盘整优化带来健康广播公共服务品格的提升。

第二节　中国健康广播的社会环境分析

任何媒介的存在与发展都不是真空的，健康广播的发展也是如此。中国的高速发展带来了群众生活及其健康状态的极大改善，但处在社会转型期的中国同时又面临贫富差距、环境污染、资源不足等社会发展的客观难题。人口老龄化问题的不期而遇给中国社会带来了更复杂的社会健康环境。这些都给当下中国健康广播的传播实践带来机遇和挑战。

一、中国人口健康水平整体提升

按照世界卫生组织确定的标准，衡量一个国家居民健康水平主要有三大指标：一是人均期望寿命；二是婴儿死亡率；三是孕产妇死亡率。新中国成立初期，我国人均期望寿命为35岁，婴儿死亡率为200‰，孕产妇死亡率为1500/10万人。在当时国家百废待兴的情况下，“健康”二字无从谈起。随着新中国经济社会的发展，人民生活水平日益改善，医疗卫生条件和水平渐进提高，我国居民的健康水平得到了大幅提升。2010年，中国人均期望寿命达到74.8岁（见图2-3），2011年孕产妇死亡率下降到26.1/10万人，婴儿死亡率下降到12.1‰。居民健康状况已处于发展中国家前列，并提前实现联合国千年发展目标。❶

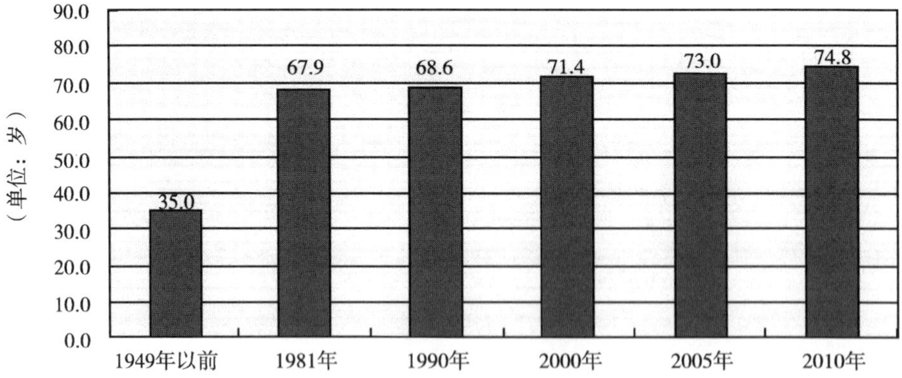

图2-3　中国人均期望寿命变化趋势❷

❶ 中华人民共和国国务院新闻办公室. 中国的医疗卫生事业[M]. 北京：人民出版社，2012.

❷ 中华人民共和国国务院新闻办公室. 中国的医疗卫生事业[M]. 北京：人民出版社，2012.

二、健康广播平衡转型期社会难题

（一）转型期的贫富分化

当中国经济总量跃居世界第二位的同时，贫富分化差距越发巨大，行业间的收入差距或已达 10 倍。1978 年，中国大陆基尼系数为 0.317。[1] 自 2003 年以来，我国基尼系数一直处于上升状态，2008 年达到最高点 0.491。尽管此后几年开始出现回落态势，但均位于全球平均水平 0.44 之上。2016 年 1 月 19 日，国家统计局公布 2015 年中国基尼系数为 0.469。

显然，这种贫富分化的现象会影响到和谐社会的建设，也容易成为社会不稳定的根源。贫富差距扩大在我国社会主要表现为：第一，城乡差距拉大。农民人均年收入在有所增加的基础上与城镇居民收入差距拉大，并且增速比较慢。在城乡二元结构的影响下，城乡收入差距呈逐年扩大的趋势。第二，地区差距扩大。从人均 GDP 的增幅来看，东部地区人均 GDP 水平高出全国平均水平的幅度进一步提高，而中西部地区人均 GDP 与全国平均水平的差距也进一步扩大。第三，行业差距拉大。一些垄断性行业和一般行业之间，以及新兴行业与夕阳产业之间，因效益不同而导致的收入差距越来越大。第四，阶层差距拉大。随着收入差距的扩大，一个富裕阶层正在形成。富人阶层与穷人阶层的差距问题变得比较突出。

（二）转型期的公共健康和居民健康环境

1. 公共健康面临环境威胁

公共健康，即指公众的健康。公共健康问题包含了所有与公共健康相

[1] 基尼系数是比例数值，在 0 和 1 之间，是国际上用来综合考察居民内部收入分配差异状况的一个重要分析指标。基尼系数越接近 0，就表明收入分配越是趋向平等；反之，收入分配越是趋向不平等。

关的问题，内容广泛。例如，社会卫生体制与应急系统、环境保护、流行病、卫生医疗和保健资源的分配、劳动保护、卫生状况、健康教育、交通和一些个人行为（如吸烟）等。我国在过去很长一段时期内，过于突出经济发展的数量指标，走的是高消耗、粗放式的传统发展道路。工农业生产活动及其对自然资源和能源的过度消费，所造成的环境污染、生态破坏，人口激增、城市膨胀、交通拥挤等社会活动所引发的环境问题❶，使得公众的健康面临严重威胁。

2. 公共健康促进仍显薄弱

公共健康政策的制定被认为是最关键的健康促进策略，也是政府健康促进的重要组成部分。在中国，与健康促进有关的公共政策绝大多数是围绕控烟展开的。尽管诸如改善营养、健身普及、社区健康教育等多方面的健康促进活动在学校、医院、公司、社区等场所均在开展，但政府部门尚没有出台系统政策对这些健康促进行为进行规范或给出指导意见。剩余几项内容，如控制饮酒和药物滥用、家庭保健计划、心理健康、暴力行为制止等，则属于我国健康促进的薄弱环节。不仅缺少政策指导，而且一般公众对相应的健康知识也缺少关注和了解。

3. 公众健康素养水平不高

健康素养是健康素质的重要组成部分，指的是个人获取和理解基本健康信息和服务，并运用这些信息和服务作出正确判断，以维护和促进自身健康的能力。❷ 卫生部于 2009 年 12 月 18 日公布的“首次中国居民健康素养调查结果”显示，我国居民具备健康素养的总体水平为 6.48%，即每 100 个人中只有不到 7 个人具备健康素养。同时，我国居民的健康素养水平在地区、性别、年龄和文化程度等方面都体现出较大的差异性。美国的研究证明，公众的健康素养能力低下会导致一系列公共卫生问题，包括预防保健

❶ 林娅. 未来与选择[M]. 北京：中国环境科学出版社，1998：89.

❷ 卫生部妇幼保健与社区卫生司. 首次中国居民健康素养调查报告[J]. 中国健康教育，2009(12)：1.

服务的低利用率、自身健康状况低知晓度、疾病自我管理知识频繁、高住院率、高医疗费和高卫生支出等。❶

4. 公共卫生事件的危机传播能力有待提高

有学者以2013年H7N9禽流感为例，对政府和媒体的危机传播能力进行了社会调查。调查数据发现，民众认为，媒体报道中存在术语太多、传播内容难理解、知识传播结构不合理等问题；同时，政府传播的信息存在着形式呆板、打官腔、回避关键点等问题。公众对禽流感的产生原因和治疗方式等信息需求未能得到充分满足❷，从此案例可见，政府和媒体层面对卫生公共事件的危机传播能力还有待提高。

5. 中国是一个慢性病高发国家

慢性非传染性疾病（Chronic non-communicable disease，NCD，简称慢性病），指的是病程长且通常情况下发展缓慢的疾病。心脏病、中风、癌症、慢性呼吸系统疾病和糖尿病等慢性病，是迄今人类最主要的死因，占人类所有死亡的63%。在2008年死于慢性病的3600万人中，有29%的人尚不足60岁。

一直以来，我国是一个慢性病的高发国家。尤其是随着国内工业化、城镇化进程的加快和人口老龄化程度的加重，慢性病越来越成为影响中国公众健康的一个严重问题。1993年，我国城乡居民慢性病患病率（按人数计算）约为13.2%。到了15年后的2008年，这一数字增长到15.7%❸。按我国2008年人口总数13.3亿推算，当年全国慢性病患病人数将近2.1亿。2012年12月26日发表的《中国的医疗卫生事业》白皮书更新了这一数字。它明确指出，中国现有确诊慢性病患者2.6亿人❹。

❶ 张士靖，杜建. 健康信息素养应成为中国公众健康素养促进的关键点[J]. 医学信息学，2010(2).
❷ 孙少晶，傅华，王帆. H7N9禽流感危机中的健康风险传播与评价[J]. 新闻记者，2013(5).
❸ 卫生部统计信息中心[M]. 中国协和医科大学出版社，2008：30.
❹ 中华人民共和国国务院新闻办公室. 中国的医疗卫生事业[M]. 北京：人民出版社，2012.

（三）转型期同时面临老龄化问题

与我国居民人均寿命延长相应的是生育率的下降及其带来的人口增速放缓，而这也加速着我国进入人口老龄化社会的步伐。所谓老龄化（Aging）指的是一个国家、一个地区和一个部门的老年人在其总人口中所占比例的增加。人口老龄化这个词本身是含糊的。它既表示一个过程，也表示这个过程的结果。联合国对老龄化国家和非老龄化国家的划分标准是，65 岁以上的人口超过全国总人口数的 7%，被认为是“老龄化社会国家”；超过 14%则为“老龄社会国家”。❶

表 2-1　全国第六次人口普查人口年龄结构变化（%）

	1953 年	1964 年	1982 年	1990 年	2000 年	2010 年
0~14 岁	36.28	40.63	33.59	27.69	22.89	16.60
15~64 岁	59.31	55.75	61.50	66.74	70.15	13.26
65 岁及以上	4.41	3.56	4.91	5.57	6.96	8.87

数据来源：《中国人口统计年鉴（2004）（2011）》，中国统计出版社。

表 2-1 显示，2000 年之后，中国基本已步入老龄化社会。而且在随后的十年里，我国老龄人口又快速增加了 1.91%，人口老龄化进程明显快于以往任何一个时期。2013 年，我国发布首份《中国老龄事业发展报告》，该报告称，随着新中国成立后新出生的人口进入老年期，第一个老年人口增长高峰到来。截至 2012 年年底，我国老年人口数量达到 1.94 亿人，占总人口的 14.3%。❷ 2016 年 1 月 22 日，人社部新闻发言人李忠明确表示，我国已经逐渐进入老龄化社会。截至 2014 年，我国 60 岁以上老年人口达到 2.1 亿人，占总人口的比例为 15.5%，2.1 亿人里有将近 4000 万人是失能、半失能的老人。据预测，到 2035 年，我国老年人口将达到 4 亿人，失能、半

❶ 张彩. 老龄化社会与老年广播[M]. 北京：中国传媒大学出版社，2007：7.

❷ 《中国老龄事业发展报告》中提到的“老年人口”指的是 60 岁以上人口。

失能的老人数量会进一步增多。❶

据统计，西方国家进入老龄化社会时，人均国民生产总值已超过2万美元。而中国虽然已是世界第二大经济体，但人均国民生产总值仅为4000美元。与西方国家“先富后老”的情况不同，中国正经历着“未富先老”或者说“边富边老”的老龄化过程。这不仅意味着中国在经济发展的同时要背负起愈加沉重的养老负担，而且还意味着健康传播和健康促进需要适应这种人口结构状况，有针对性地加强对老年群体的健康传播服务和质量。在这一点上，广播作为老年人接触最频繁的大众媒体之一，大有可为。

第三节　健康广播的内涵及形态

在信息内容上，健康广播可分为常态新闻信息和突发公共事件信息。在广播形态上，可以分为健康新闻信息报道、健康广播节目、健康广播频率。本节就健康广播新闻信息呈现、健康广播突发公共事件信息呈现及健康广播节目略作分析。

一、健康广播的新闻类呈现

广义上的健康广播包括各频率中诸如卫生政策、医疗进展、医学人物、环境卫生等与公众健康相关的新闻性信息。这些信息的传播也是公众获取健康信息、增进健康认知的渠道之一。

笔者随机选取了山东电台“新闻综合广播”2014年6月3日上午6：00~12：00的新闻报道，筛选出与健康相关的新闻4条。表2-2显示，“山东卫生系统增设无假门诊”是当天的一条重要新闻，以消息和录音报道两种形态穿插在上午的3个不同时段当中。这条新闻关系到山东省内医疗政策的调整，与省内群众的便利就医密切相关。在当天的报道中，首先，在

❶　数据源自全国老龄委网站：http://www. cncaprc. gov. cn/contents/5/84097. html.

早间时段以一条短消息《医院增加门诊时间》对事件进行要闻性报道，体现出事件的重要性。其次，在早间新闻板块用录音报道的形式详细说明新闻事件，提供贴近性信息。最后，推出带有服务性的消息“可以手机预约门诊挂号”，给听众以提示。经过以上三层推进之后，听众对该医疗新政建立有了比较清楚的认知。

从以上案例可以看出，医疗卫生政策作为与百姓生活息息相关的民生信息已经进入广播新闻“头条”或“要闻”的选择区域，健康议题的重要性得到显现。另外，广播可以运用多种报道形式将重要的健康新闻进行全面、多角度报道，以满足听众的认知需求。

表 2-2　山东新闻综合广播健康新闻编排（2014 年 6 月 3 日 6：00~12：00）

时段	板块	栏目	内容及报道类型
6：00~6：30	新闻早报	省内要闻	消息：医院增加门诊时间
7：00~8：00	山东新闻	热点评说	录音报道：山东卫生系统增设无假门诊
9：00~11：00	直播山东	热点新闻	消息：可以手机预约门诊挂号
11：00~12：00	关注质量热线	—	消息：互联网药品经营者经营标准

二、“生命线媒介”——健康广播在突发公共事件中的呈现

（一）广播在突发公共事件中的必听性

根据日本 NHK 放送研究中心对受灾地区进行的调查，在 2011 年 3 月 11 日日本东北部海域发生地震之后，79%的受访者所在地停电，64%的受访者所在地停水，17%的受访者不得不居住在避难所等，这些都造成了人们在接受信息时的障碍。对于地震发生后，人们首先接触的媒体，NHK 通过调查获得了以下数据，见图 2-4。

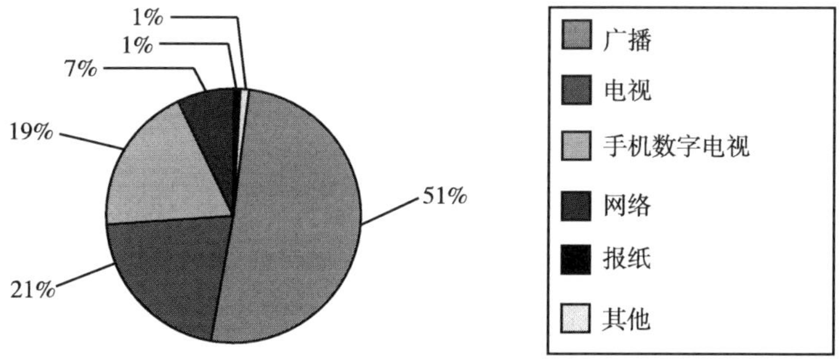

图 2-4　日本公众在震后首先接触的媒体

图 2-4 显示，地震后，人们首先接触的媒体最多的是广播，占所有受调查人数的 51%，而选择电视的人则仅为 21%，另有 19%的人选择的是手机数字电视。❶ 地震、泥石流等自然灾害发生时，大面积停电和停水现象较为常见。但广播传播的便捷性、半导体收音机的耐耗性等特点，使得广播可以在所有媒体之前将信息传递给听众，促成了听众对广播媒介的特殊依赖。

听众对广播的特殊依赖还表现在突发公共事件发生后，民众接触广播时长的增加和广播忠诚度的提高。根据“中国广播调查网”的网上调查结果，2008 年四川汶川地震发生后的 5 月 13—19 日，广播的接触率高达 76%（包括网上收听），比 2007 年同期高出了 16.8 个百分点。数据还显示，有超过一半的（53%）受访者主要是通过广播了解相关情况的。这个比例远高于报纸（35%）和手机信息（13%）。在新闻报道时效性方面，听众对广播的满意度评价给出了 4.4 分的高分（满分为 5 分）。❷ 据统计，四川汶川地震发生后，68.2%的受访者有收听广播的行为。这一比例比 2007 年全国广播平均接触率的 59.2%高出 9 个百分点，表明地震以后收听广播的人数明显增加。广播在地震的报道中扩大了影响，有更多的人重新关注广播、收

❶ 温秋阳. 中国应急广播研究[D]. 北京：中国传媒大学，2013.

❷ 数据广播[J]. 赛立信媒介研究，2008(5).

听广播。❶

麦克卢汉提出："电视对广播的影响之一，是使它从娱乐媒介转变为中枢神经系统。"❷ 广播这种"中枢神经"的价值和作用在突发事件中表现得尤为明显，它的公共服务属性也通过必听、有用信息的提供而得以呈现。

（二）突发公共事件中健康广播的信息类型

1. 防疫和医疗信息

2008 年四川汶川地震期间，中央人民广播电台在"汶川紧急救援"专题报道中设置了多个报道主题。其中，"医疗救助"和"卫生防疫"是两个与健康广播相关的主题。在传播内容上，主要是记者的录音报道、连线报道和直播间嘉宾解读。

值得关注的是，当重大灾难事件发生时，应急广播成为卫生、健康相关信息发布的重要管道。2013 年 4 月 22 日，"国家应急广播 · 芦山抗震救灾应急电台"开播。这是我国首次以"国家应急广播"为呼号，对灾区民众定向播出的应急广播。它除了向灾区群众提供权威信息、行动指导外，还包括医疗卫生知识和提供心理抚慰等。此后，我国一直致力于推进国家应急广播体系的建设，并提出"平战结合"的呈现状态，即平时服务与战时应急相结合。国家应急广播官网设置了多个板块对突发情况下的健康卫生应急措施进行报道，如应急音频"误食野生毒蘑菇中毒急救法"、应急科普"如何保护自己远离寨卡病毒"、科普动画"潜伏在草丛里的'敌人'"等。利用网络平台在平时进行应急健康知识普及，使用传统广播在突发事件中及时播送卫生知识，线上线下相结合扩大应急健康信息的传播力。

2. 心理干预信息

在四川汶川地震发生后，一些心理救援团队集结前往一线。但一个突

❶ 梁毓琳. 2008 年广播市场竞争态势[J]. 数据广播,2008(3).

❷ 马歇尔 · 麦克卢汉. 理解媒介[M]. 何道宽,译. 北京:商务印书馆,2000.

出的问题是，心理医生（志愿者）较庞大的需求人群来说人数过少。此外，对于一些羞于看心理医生的人而言，面对面的倾诉也需要跨越很高的“门槛”。相比而言，听广播不失为一种集体疗伤的行为。四川汶川地震期间，中央人民广播电台的“中国之声”推出心理干预和心灵抚慰类节目《同在星空下》，为灾区情绪紧张的孩子提供心理帮助；中央人民广播电台的“经济之声”推出了《彩虹行动》，节目与多位权威心理专家合作，支持灾区群众和抗震救灾相关人员的心理重建。❶

3. 老年人健康信息

老年人本来就是社会中的弱势群体，具有其生理弱势和社会弱势。四川汶川大地震对老年人产生的影响尤其巨大。在地震中，估计灾区 65 岁以上受灾老人的总数不低于 350 万元，需要救助的老年群体数量相当庞大，仅需要紧急安置的老人就不少于 100 万元。❷ 地震除直接造成老年人的大规模死亡外，还对其身心健康造成各种伤害。根据尹银在 2008 年对震区老年人的调查，70%左右的受访老年人患有各种慢性疾病。图 2-5 显示，与地震前相比，老年人患骨病和关节病、心血管系统疾病、确诊的精神性疾病等略有增加。❸

防疫和医疗信息强调媒体在突发事件过程中的健康信息传播，而心理干预信息和老年人健康信息的时效性相对较弱。四川汶川地震期间，社会机构和心理研究者对儿童、救灾人员的心理干预和重建较为重视，所以媒体报道相对丰富；而对震区、灾区老年群体身心健康的关注和报道偏少。

---

❶ 温秋阳. 中国应急广播研究[D]. 北京：中国传媒大学，2013.

❷ 新华社记者. 他们需要更多的关爱——关注汶川大地震后的孤寡老人[EB/OL]. [2008-09-06][2016-05-20]. http://news.xinhuanet.com/newscenter/2008-09/06/content_9804870.htm

❸ 尹银. 汶川地震对老年人的影响及对策[J]. 中国老年学杂志，2010，30(12).

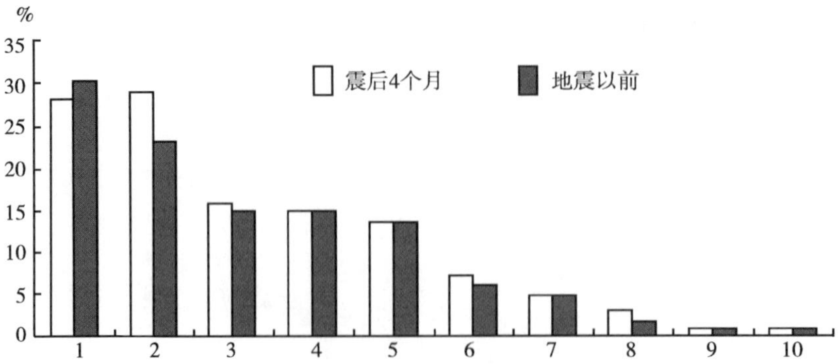

图 2-5 汶川地震前后老年人的身体状况对比

1-无任何疾病；2-骨和关节病；3-心血管系统疾病；4-消化系统疾病；
5-呼吸系统疾病；6-确诊的精神性疾病；7-代谢性疾病；8-伤残；
9-皮肤病；10-泌尿系统疾病

根据观察，现有的健康广播节目较多设置在各电台的经济频率、生活频率等。作为公共健康服务的健康新闻、信息则在新闻频率、综合广播频率中占有一定分量。从发展的角度看，健康广播的传播内容在我国广播业内日益受到重视，听众对健康广播内容的需求也呈现一种上升状态。

三、健康广播的节目类呈现

（一）健康广播节目的类型

1. 健康知识普及节目

健康知识普及节目指的是以提供健康知识或资讯，为听众提供健康指导或帮助的知识性节目。这类节目通常有三种组织形式。一是由电台邀请正规医院的医生或专家就疾病的原理、预防与治疗等问题进行直播讲座，如北京电台《百姓健康大讲堂》节目。二是由电台的专家型主持人就养生保健知识、疾病发生原理、诊疗方案等进行播讲，如江苏电台“健康广播”

的《天天养生》节目。三是由专家型主持人和医院专家共同播讲的健康节目，比如徐州电台“文艺广播”的《路遥说健康》节目。这个节目前半个小时由主持人路遥普及身体和心理方面的健康知识、保健小窍门等，接着20分钟左右的时间由当地医院专家就某科某类疾病进行知识传播，最后40分钟接听问诊电话，提供症状判断、用药意见等。

2. 导医服务类节目

导医服务类节目指的是以提供就诊信息和诊疗服务为主要目的的服务性节目。大多数导医类节目都由主持人、医院专家、听众三者共同完成，即按照“专家讲解—主持人串联—听众问询”的结构进行。专家讲解过程中会同时传播相关健康知识，但核心诉求是为听众提供诊疗方案或就医建议。比如，江苏电台“健康广播”的《阿松导医台》、荆州电台“健康生活”的《名医直通车》等。

3. 健康养生信息播报节目

这类节目一般由主持人结合节气变化、时令更改、饮食、疾病知识等传播健康知识、提供生活实用信息。主持人一般不是专家型，节目内容多来自各类媒体。其节目节奏轻松、板块多样，类似于健康生活信息的大杂烩。比如，石家庄电台“经济广播”的《小葵花超市》节目。

电台自办健康节目的组织形式非常多元，主要取决于主持人自身的医学健康素养、专家资源的多寡等，行业内没有节目架构上的一定之规。以上三种形式是最为常见的三类。

（二）健康广播节目的层级分布

1. 中央台

中央人民广播电台“中国之声”的《养生大讲堂》是一档典型的健康知识普及类节目。“老年之声”设置了三档不同形式的健康节目，它的是：

《半点养生坊》《健康大讲堂》《1053 健康之家》。每档节目每天三次播出，共计 6.5 小时，占“老年之声”全天播出时长的三成以上。

2. 省级电台

根据笔者的统计和了解，2004 年和 2005 年之后，各省级电台陆续开办了健康知识或服务性节目。比如，较早开办的有黑龙江电台“都市女性广播”的《郑丹看医生》（2004）、江西电台“民生广播”的《健康直通车》（2005），以及 2008 年之后出现的北京电台“体育广播”《百姓健康大讲堂》（2008）、山东电台“经济广播”《养生有道》（2010）、河北电台“生活广播”《燕赵名医堂》（2010）、北京电台“爱家广播”《健康喜来乐》（2011）等。大致看来，各省级电台自办的健康节目在这一时期可以达到平均每家省级台有一档的状态。

3. 地、市级电台

健康广播节目在地、市级广播中有，但并不多见。2013 年，笔者随机观察了长春、沈阳、济南、南京、郑州、杭州、西安、合肥 8 家省会城市电台。其中，济南电台“新闻广播”《天天健康》（15：10~16：10）是一档健康广播节目。前半段由主持人结合节气变化、时令更改、饮食、疾病知识等传播健康知识，后半段邀请专家讲解具体疾病及心理健康问题。济南电台“文艺广播”《天天养生》（7：30~8：00）前半段由主持人播报健康养生知识，接着有 6~7 分钟时间的“专家告诉你”小版块，邀请医生讲解相关的疾病及预防、治疗知识，侧重知识传达和普及。杭州电台“新闻综合”的《寻医问药》（16：00~16：30）则是一档为听众提供保健和就医服务的健康广播节目，由中医专家和主持人搭档接听热线电话，给听众提供意见支持。此外，南京电台 6 个频率共自办了 6 档健康知识和服务性节目❶，涉及导医服务、中医养生、健康知识普及等内容。除此三家之外，其

❶ 分别是新闻综合广播“快乐养生坊”；城市管理广播“健康咨询”；私家车广播“私家养生馆”；经济广播“健康相对论”“小芳健康网”“养生正在流行”。

他 5 家省会城市电台的“健康”相关节目多为医药节目。

通过以上梳理发现，电台的层级高低与健康广播节目的数量成正比，省级广播在健康广播节目的相对量和绝对量上是最大的，随后依次是省会城市台、一般城市台和区县台。

（三）健康广播节目的形态分析

1. 中央人民广播电台“中国之声”：《养生大讲堂》节目

《养生大讲堂》是中央人民广播电台最具特色的一档健康广播节目，其自我定位是“中国之声唯一一档提供身心养护类资讯服务的节目”。此节目以中老年听众为主要收听对象，重在从中医养生、保健、诊疗的角度，为听众提供健康信息。其播出时间为周一至周五 4：00~4：30。该节目组由两位编辑和两位主持人组成，还有 10 多位专家组成的顾问团队。《养生大讲堂》不仅强调广播平台的健康传播，也很好地利用了央广网的传播平台，同时向听众提供了一个网络版大讲堂。

笔者在 2014 年 4 月曾连续 5 天对该节目进行了追踪收听，节目的核心板块是“肾虚怎么办”系列讲座，由中国中医药大学教授关相如讲授肾病方面的知识和诊疗措施。核心板块前后是主持人穿插的节目内容。我们以 2014 年 4 月 25 日的一期节目为例，对该节目的构成形态进行观察。

表 2-3　《养生大讲堂》2014 年 4 月 25 日节目内容示意

时间	播出内容
开始~1 分 40 秒	中国之声 呼号 公益报时 播报节目理念：“健康是人生最大的财富　中国之声 实时关注您的健康　为您打造科学安全的健康生活方案”
1 分 40 秒~2 分 38 秒	德国莱比锡大学的一份研究发现：工作时能自主策划协调任务者，老年后患老年痴呆的风险较低
2 分 38 秒~3 分 40 秒	介绍本期节目内容 向听众推荐腾讯网养生大讲堂微博，关注微讲座

续表

时间	播出内容
3分40秒~5分20秒	“大讲堂之博医堂系列”特邀北京中医药大学著名专家和国医堂名医讲解中国传统的医学药理； 形式：主持人+主讲人对话； 主持人引入：主题+专家档案+节目简介； 本期主题：肾虚怎么办，如何治疗和养生； 专家档案：主讲人介绍，肾病学专家
5分20秒~14分50秒	以主持人与嘉宾交谈的方式，具体介绍一些病状、判断方法、功能、治疗方法
14分50秒~15分37秒	生病的过程由弱到强，由盛转衰，衰老的开始就是肾虚的开始，每个人的一生都将面临肾虚的困扰。如何应对肾虚，强身健体？敬请收听养生大讲堂节目系列讲座“肾虚怎么办”
15分37秒~26分	专家对治疗提出注意事项： 针对每一个人来判断，如何吃药，如何根据变化来调整； 下次节目预告； 特别提示：结合自身情况采纳和使用
26分~28分	如果生命是一本书，健康就是这本书中永恒的话题。今天我们一起探究这个话题，欢迎走进今天的健康阅读。 《郝万山说健康》养心—净心，用大智慧处理事情，心要静，身要动，动静结合获健康。 养生谚语节目：内容+告诫（道理）+权威人士的解释
28分~30分	介绍互动方式，同时非常详细地介绍如何通过央广网回听节目

从表2-3可以看出，该节目有以下结构和形态上的特点。

（1）具有明显的结构感。在一档半小时的节目中，嘉宾讲授的时间大约为19分钟，分两个较长时间段穿插在主持人的串联词当中。

（2）内容层面的丰富性。该节目开头介绍莱比锡大学的研究发现属于医学新闻报道，给听众提供最新的科学前沿信息。节目末尾相对应的位置是“养心”环节的健康阐述，关注心理健康。30分钟的节目，既有主体内容，也关注了健康新闻和心理健康，内容丰富充实。串联词、节目介绍等可以将主要内容串联起来，使节目保持良好的听觉节奏。

（3）值得注意的是，节目在首、尾处先后两次向听众介绍了不同的新媒体互动渠道，分别是微博和央广网。尤其是对央广网收听方式的介绍极为详尽，充分照顾到听众的反应时间。

《养生大讲堂》节目的基本组织结构是主持人和嘉宾，没有热线。核心板块由嘉宾讲解为主，其他板块由主持人串联和架构。这种节目组织方式在现有健康广播节目中比较常见，比如，南京电台《养生坊》、北京电台《百姓健康大讲堂》、徐州电台《路遥说健康》等。但相比较而言，中央人民广播电台的《养生大讲堂》的编排感和节目立体感更强，不是一味地灌输知识，而是突出主题的同时又有锦上添花的小版块，层次感强，有助于减少听众的听觉疲劳。

2. 山西人民广播电台“健康之声广播”：《寻医问药》节目

山西人民广播电台“健康之声广播”《寻医问药》节目每天分上午版（8：30~9：00）和下午版（16：00~16：30）播出，周一至周日播出。主持人是电台的专家型主持人芳华。本研究以山西电台“健康之声”2014年4月30日上午版的一期节目为例，对其节目构成样态进行描述，见表2-4。经梳理发现，该节目的呈现有以下特点，见表2-4。

表2-4　《寻医问药》2014年4月30日节目内容示意

时间	节目内容
开头	播报节目口号：寻医用药、向导指南、健康之声广播、寻医问药
0：05~1：12	开场语：播报当天时间、自我介绍、播报热线电话 告知听众好消息：4月1日—4月30日到糖尿病专科医院就诊的朋友，基于报销门诊10%的爱心帮助，可以有机会报销打车费
1：12~1：50	揭晓昨日有奖收听的获奖听众

续表

时间	节目内容
1：50 ~3：42	短信和热线参与介绍
	短信中的问题（读问题，回复解决建议）
3：42~5：41	问题 1：带状疱疹感染吗？如何处理 回答
5：41~7：20	问题 2：10 个月的宝贝起疹子，如何处理 回答
7：20~9：53	问题 3：晚上噩梦心慌气紧，怎么办 回答
9：53~11：24	问题 4：大腿根部累，怎么办 回答
11：24~13：46	问题 5：小孩 20 天手指起皮，怎么办 回答
13：46~14：40	片花：白米粥营养不如糙米粥　（普及饮食营养知识）
14：40~15：01	主持人：欢迎回来。“郑绪岚”这个名字大家并不陌生，山西大剧院在“母亲节”的日子，郑绪岚的成名金曲到时候演绎
15：01~15：09	有奖收听：快立夏了，要吃蛋类。您知道这蛋类是什么吗？请将答案发送至……
	热线电话问题
15：09~17：38	问题 1：30 多岁长牙，怎么回事
17：38~20：06	问题 2：50 岁心烦意乱，睡不好觉，怎么办
20：06~22：00	问题 3：脸上有红点点，怎么处理
22：00~24：00	问题 4：眼睛里有疙瘩，两个眼睛都有，怎么办

（1）该节目分为三个大的板块，分别是：播报听众互动方式和互动奖励，解答短信中的健康提问，以及接听热线电话解答疑问。短信回答和热线问答都保持在每条 2 分钟左右的频率，听觉节奏紧凑。

（2）节目中的短信问题围绕当天节目的主题展开。比如，2014 年 4 月 30 日的节目问诊主题是儿科问题。热线电话问诊环节则不限健康主题。

（3）节目中段播出当地民众关心的新闻，并公布有奖竞答问题。有奖竞答是该节目听传互动的一个特色。

据笔者观察，《寻医问药》在2014年4月30日前后一周时间内的短信问诊主题分别是婴儿鼻子不通、怀孕期补钙、高烧、腺样体肥大、颈椎病、脚底疼痛和麦粒肿等。具体疾病涉及妇科、儿科、内科、骨科、神经科和眼科、耳鼻喉科等。此节目对患病听众而言是获取诊疗方案的途径，对一般听众而言是普及医学全科知识的“广播全书”。

另外，这是一档专家型主持人为主导的健康广播节目。全程由主持人采取短信和热线两种互动方式，与听众沟通健康问题，提出就医用药建议。在现有健康广播节目中，较常见的是由专家型主持人以较轻松的语态、较慢的节奏向听众讲解传达养生保健知识，比如北京台的《健康喜来乐》、南京台的《私家养生馆》等，其在节目内容上较少涉及具体疾病的去病、诊疗问题。因此，在内容和形式上，目前近似于《寻医问药》的节目并不多。这种节目的运行在很大程度上依赖于主持人个人的医学健康功底和全科诊疗的能力。而目前，电台当中具有较高专业水平的主持人仍在少数。

以上两档健康广播节目分别是专家主讲型健康知识节目和主持人导医节目的典型案例。前者在组织形式和播讲内容上较为常见，后者的构成形态则相对少见。总体而言，健康广播节目在节目形态上有很大的自主性，我们无法对所有的健康节目逐一描述。以上我们仅从两个案例出发，提供一个观察健康广播节目的业务视角。

四、健康广播频率的专业化建设

（一）我国专业健康频率的基本情况

开播于1995年的山西人民广播电台“健康之声”是我国最早的一家专业健康频率。此后，有更多电台尝试设立专业健康频率，希望以健康议题的集中放送来稳固中老年人群的关注度和忠诚度。健康成为电台专业化发展的一条路径选择，比如，江苏的“健康广播”于2004年正式开播；❶2005年6月，以“服务民众健康，关爱老年身心”为宗旨的江西的“健康老年广播”开播；2009年8月，湖北荆州电台“以健康服务性节目为特色”的“健康生活广播”开播；2010年5月，江苏镇江电台“健康生活广播”开播。

但是，江西台“健康老年广播”这一呼号只存在了三年时间，便于2008年8月更名为“江西民生广播”，节目从重点关注健康到“提供衣食住行、健康、教育等全方位的新闻信息、咨询及各种延伸服务”。荆州台的“健康生活广播”此后也更名为“荆州之声”❷，不再以提供健康服务节目为核心。而镇江台的健康频率一直持续至今。

如果坚持以健康为内容定位，势必需要电台强大的专业力量和外围卫生资源的供给。这意味着办一档健康专业台要比办其他类型的电台难度要大得多，无疑会额外增添电台的运行成本。而如果将频率定位放开到“生活”“都市”等层面上，大量非健康类内容即可加入进来，可以减小健康节目的容量和制作压力。这也就是为什么有的健康专业台难以支撑而转换定位的原因。

根据赛立信媒介研究的统计，2013年，全国31个省、自治区、直辖市（未含港、澳、台）和地、市级以上及部分区、县级的主要广播频率共有1203个。❸ 表2-5显示，在各地主要电台频率中，新闻频率数量最多，占28.3%；其次是交通类频率和音乐类频率。以上三大类频率合计占全国主要

❶ 山西与江苏两家专业健康台在定位和内容取向上有明显不同：前者的专业性更强，重点是传播最新医疗信息、普及医学知识、提供医疗服务；后者的定位是“健康生活类专业台”，以更宽泛意义上的健康为理念。

❷ 原荆州电台健康生活广播使用中波585和调频97.2播音，“荆州之声”沿用该两套频率。

❸ 黄学平. 2013年中国广播收听市场年鉴[M]. 北京：中国传媒大学出版社，2013：8.

广播频率的 59. 0%。健康频率在全国范围内只有 11 个,❶ 占比在 1. 0%以下，属于小众频率。

表 2-5　全国 31 个省、自治区、直辖市主要电台频率分布情况❷

序号	频率类别	数量（个）	比例（%）	涉及其他类别的频率数量（个）
1	新闻	340	28. 3	11
2	交通	249	20. 7	68
3	音乐	120	10. 0	41
4	文艺	92	7. 6	29
5	经济	80	6. 7	18
6	城市	49	4. 1	11
7	生活	38	3. 2	19
8	资讯	26	2. 2	2
9	娱乐	13	1. 1	4
10	健康	11	0. 9	3
11	体育	8	0. 7	2
12	教育	8	0. 7	1
13	其他	169	14. 1	—
其他		1203	—	—

（二）健康频率的专业化建设——以江苏健康广播为例

专业化健康频率在国内虽然不多，但也是健康广播专业化发展的一种存在样态。江苏电台“健康广播”（AM846），是目前国内仅有的两家省级

❶ 从《2013 年中国广播收听市场年鉴》的广播频率一览表中检索，只发现 6 家健康频率，分别是：山西健康之声广播、吉林健康娱乐广播、江苏健康广播、扬州养生广播、镇江健康频率、许昌健康娱乐广播。

❷ 黄学平. 2013 年中国广播收听市场年鉴[M]. 北京：中国传媒大学出版社，2013：8.

健康专业频率之一。其传播宗旨是以健康的方式服务民众，以健康的理念引领生活，以健康的目光关注社会。研究将以江苏电台“健康广播”为例，对健康专业频率的节目架构、节目样态和专业化发展等问题进行分析和探讨。

1. 节目分类和播出规模

笔者在 2013 年根据江苏电台“健康广播”的节目内容特点，将其全天 24 小时节目分为 6 类，分别是：健康知识普及类、就医服务类、医药节目类、心理沟通与情感类、娱乐类、生活服务和资讯类，见表 2–6 和图 2–6。

表 2–6 江苏电台“健康广播”节目分类

分类	节目	播出时间	主要内容	主持人
健康知识普及类	万家灯火	23：30~00：00	与电视台合办，请专家讲解疾病、普及养生知识等	电视台主持人
就医服务类	天天养生	11：00~12：30	前半小时主持人就某个专题介绍医学知识、食疗方法等，后半小时专家坐诊，就某种疾病接听听众电话，初步诊断	南燕
	阿松导医台	08：00~09：00	阿松接电话，根据听众所提症状提出就医意见、推荐医院；请专家做客电台，电话问诊初步诊断	阿松
	天天养生（重播）	01：00~02：30	同首播	南燕
	阿松导医台（重播）	04：00~05：00	同首播	阿松
医药节目类	医药节目	05：00~07：00	推销药品、保健品；社会性医疗机构服务营销等	不明确
	医药节目	09：00~11：00	同上	不明确
	医药节目	17：00~18：00	同上	不明确
	医药节目	18：00~19：00	同上	不明确
	医药节目	20：00~21：00	同上	不明确

续表

分类	节目	播出时间	主要内容	主持人
心理沟通、情感类	亲亲宝贝	12：30~13：00	儿童心理健康与亲子教育，少部分健康常识	关心
	过去那些事	22：00~22：30	互动参与，聊老南京人过去的生活	晓涵
	午夜收音机	22：30~23：30	心事倾诉，心理交流，以爱情、婚姻、两性、家庭沟通、人际交往、职场心理等为主	晓涵
娱乐类	笑一笑十年少	13：00~13：30	周1~周5，主持人说笑逗乐；周末播出相声和小品选段	安琪、杨阳
	健康书场	13：30~14：00	由名医故事、小说等改编的评书，故事中偶尔涉及健康知识	安琪等
	流金岁月	14：00~15：00	老歌欣赏	关心
	银色舞步	19：00~20：00	不同类型的舞曲，主持人打节拍带动；有线下学舞跳舞	蓝天
	流金岁月（重播）	00：00~01：00	同首播	关心
	笑一笑十年少（重播）	02：30~03：00	同首播	安琪、杨阳
	银色舞步（重播）	03：00~04：00	同首播	
生活服务、资讯类	阿松生活网	07：00~08：00	生活信息大拼盘，无固定主题，不止健康类信息	阿松
	幸福社区	15：00~16：00	以虚拟社区为情境，介绍养生知识、生活窍门，由音乐做串联，以猜谜等方式吸引听众互动	安琪、杨阳
	美丽夕阳	16：00~17：00	介绍保健常识，介绍热门新闻并综合发表意见，就与老年人相关的话题发表见解，并鼓励听众写信互动	关心
	缘来是你	21：00~22：00	中老年人寻找伴侣的平台，听众在热线中介绍自己并与主持人交流，音乐串场	李缘

图 2-6 显示的是各类节目日播规模的占比情况（含重播）。健康频率设置和存在的意义在于，一方面，它是我国广播频率专业化道路上的一个新类型；另一方面，它能够在较大程度上发挥广播的服务和教育功能，为受众提供准确而有益的健康信息、服务引导等，进而促进其获取知识、裨益身心健康。从图 2-6 看来，医药节目超过任何其他类型节目，占据该频率 24 小时日播规模的近三成可以说，在以市场和经济效益为导向的广播运行机制下，应以服务和社会效益为基础定位的健康频率仍难摆脱市场化的束缚。

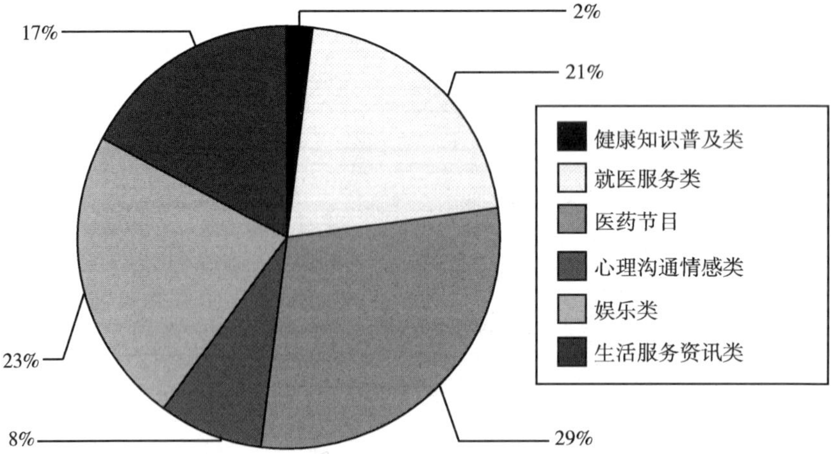

图 2-6　江苏电台“健康广播”各类节目的日播规模的占比情况❶

（1）《天天养生》和《阿松导医台》这两档就医服务类节目是该频率主打的两档自办节目。两档节目每天首播和重播各一次，与电视台合办的《万家灯火》以普及健康知识、提供生活常识为目的，公共服务功能较强。应该说，这三档节目是该频率最能够体现服务性和知识普及意识的一类节目，日播规模共占 23%。但须注意到，这类节目在该频率排在医药节目之后，总体规模与娱乐类节目持平。

（2）统计中所称的娱乐类节目，包括音乐、舞蹈、评书、相声等以文

❶ 该统计以江苏健康广播 2013 年初的节目单和实际收听为依据。

艺欣赏和伴随娱乐为主要内容的节目。比如欣赏老歌的《流金岁月》、放松舞曲的《银色舞步》、播放相声的《笑一笑十年少》和播放改编评书的《健康书场》。前三档娱乐节目明显以中老年人为对象，旨在通过轻松的娱乐形式为之放松心情、纾解压力，但又有放之四海而皆准的嫌疑，没有健康服务特征。而《健康书场》将医者故事等改编为评书连续播放，虽然其中会涉及一些医学常识，但从总体上看节目仍以讲故事为主，更多的是娱乐，而非健康知识传播。

（3）四档生活服务、资讯类节目共计 4 小时，占频率日播规模的 1/6。其中，《缘来是你》是一档中老年交友服务节目，与健康传播关系不大，但其受众定位与健康频率的主受众群相吻合。另外，三档节目都多多少少包含一些健康保健知识和资讯，与其他方面的生活资讯交杂在一起。

（4）笔者将《亲亲宝贝》《过去那些事》《午夜收音机》这三档节目归类为心理沟通、情感类节目，主要原因是这些节目以人际沟通、情感讲述、心情故事等为主要内容，发挥声音传播所擅长的一对一交流、参与式交流的特点，给听众创造了一个谈心的平台。当然，这三档节目又各有侧重，其心理参与的程度强弱有别。《亲亲宝贝》侧重亲子教育，儿童心理、亲子沟通是一部分内容，有时也会涉及儿童身体健康、少儿疾病等内容。《过去那些事》是一档回忆往事的聊天节目，“时光机”似地带中老年人追忆过往生活，讲述人生记忆，这应当是一种形式的心理维护。《午夜收音机》在夜深人静之时播出，目的是给那些有心事的听众提供倾诉和减压的平台，这些心事往往与两性、爱情、交友、家庭关系等相关，私密性较强，利用广播“不见其人只闻其声”这种带有保护性的交流手段进行诉说，体现了广播强于其他媒体成为“排压管道”的优势，这类情感倾诉类“深夜节目”从 20 世纪 90 年代保留至今的重要原因也在于此。上述三档节目每天共播出两小时，占比不到频率日播规模的一成，这也大致代表了心理健康类节目在我国健康类节目中的整体分量。

2. 节目架构和时段设置

（1）团块时段。

该频率同类型节目在相邻时段连续播出，笔者将此现象称为“团块时段”。比如，17：00~21：00 每小时播出 1 个医药节目，4 个节目连续播出，构成医药节目的团块时段。13：00~15：00 连续播出 3 档娱乐类节目，这是该频率娱乐类节目的团块和高峰时段。15：00~17：00 安排了 2 档生活服务、资讯类节目，是这类节目下午的团块时段。

团块时段的设置有其合理性，主要是能够增强节目的紧凑感，使节目安排体现秩序感。比如，15：00~17：00 的生活服务、资讯类团块与上午 07：00~08：00 的节目和晚间 21：00~22：00 的节目构成早上、中午和晚上较均匀的整体，供听众灵活选择。但是，如果某类节目在时段上过于集中，形成一个绝对团块，又可能会带来相反的效果。比如，17：00~19：00、20：00~21：00 这 3 个小时的医药节目，占据晚高峰黄金时段。我们会问有车族下班路上是否喜欢收听这类节目？听众在晚餐时间是否愿意选择卖药和治病的节目？听众是否愿意连续 4 小时听同类节目？也就是说，这个团块时段的节目编排和受众定位考虑欠妥。当然，这里不能排除一种可能，即广告客户指定了该黄金时段，在市场因素的前提下，节目编排存在不得已状况。

（2）黄金时段向导医服务和医药节目倾斜。

根据 CSM 在 2008—2009 两年间对我国广播收听市场的调查数据（见图 2-7），笔者选出了早上、中午和晚上各两个小时的高峰时段，并将之与 AM846 的节目一一对应。结果发现，除了早间 1 小时、午间半小时外，其他 4.5 小时黄金时段都分配给了就医服务类节目和医药节目，表 2-7。这意味着电台行医、导医和医药节目是该频率传播内容的核心。

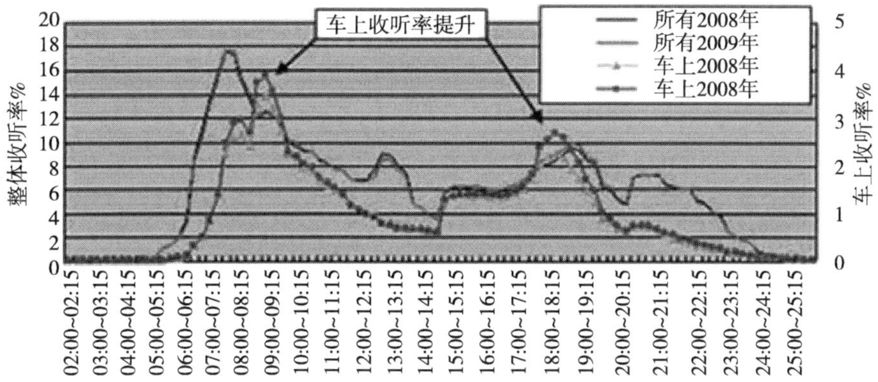

图 2–7　我国广播总体收听率分时段走势

表 2–7　江苏电台“健康广播”黄金时段节目

	黄金时段	节目	类型
早间	07：00~08：00	阿松生活网	生活服务、资讯类
	08：00~09：00	阿松导医台	就医服务类
午间	11：00~12：30	天天养生	就医服务类
	12：30~13：00	亲亲宝贝	心理沟通、情感类
晚间	17：00~18：00	广告专题	医药节目
	18：00~19：00	广告专题	医药节目

3. 江苏电台“健康频率”的定位及节目样态

（1）频率定位。

纵观全国各级广播中的健康节目，居家中老年人是这一广播类型最明确的收听主力，AM846 的受众定位也不例外。心理沟通情感类、娱乐类和生活服务资讯类这三类节目，在内容上体现出明显的高年龄段倾向。这是否意味着频率在设置传播定位时，下意识地将“健康”与“老年”画上了等号？健康对老年人而言，是一个必要但不充分条件，健康并非老年人唯一关注的话题；老年人对健康而言，也是一个不充分条件，因为其他各个年龄段人群都有对健康的需求。而当下的健康频率和节目往往是把目标受众限定在老年人，为了迎合这部分人群，在节目内容、样式上跟进其喜好，将健康频率打造成了包含健康板块的老年频率。

（2）江苏健康广播节目类型。

①导医服务类：个性化主持的品牌优势。《阿松导医台》是AM846最知名的一档节目，主持人阿松在南京地区近乎家喻户晓。AM846的一些片花和相关栏目介绍都以“阿松”为招牌，冠之以“金牌栏目主持人”的称号。阿松的普通话并不标准，作为广播节目主持人的基础条件也并不过关，但他却在广播和公众生活中享有很高的地位。笔者认为，节目中明确和直接的服务性内容是重要原因之一。《阿松导医台》一般有两种组织形式：一是请一位或多位省内正规医院的专家做客直播间，接听热线初步问诊；二是阿松自己接听热线，凭借经验为听众推荐医院或专家。这两种节目形式至少体现出两大特点，一是快速解决问题的服务意识，专家免费为听众初判病情，让听众心中有底，知道自己所犯何病。二是强大的资源优势，据阿松在节目中所言：“南京所有的20多家医院都跟我们配合，原来有1088位专家，而现在1600多位专家作为这档节目的顾问”。这种网罗天下的气势对听众而言是一种极强的吸引力。

②健康知识普及类：专家+主持人。AM846最典型的一档健康知识普及类节目是《万家灯火》。由于该节目与电视频道合作播出，所以在时长和节奏上配合了电视节目的短平快，采访对话、记者出镜（声）、片花串场等电视更为擅长的制作手段，使这档半小时的节目显得富有动感和现场感。在节目中记者只负责提问、引导，专家负责普及健康常识、介绍与疾病相关的知识等，节目内容的准确性也因此得以体现。

《天天养生》节目的前半部分通常也以健康知识普及为主，主持人南燕就某个专题介绍医学知识、食疗方法等。这种由主持人亲自上阵讲解和传授健康知识的节目也具有一定的普遍性。这样既可以省去邀请专家的费用，又可以作为一档频率自制自办的健康节目以“抵消”医药节目所带来的负面影响。但这种节目存在一个风险因素，即传播内容的准确率。主持人自身理论习得、健康素养、传播经验等都将直接影响到准确率的高低，而这一点往往是听众最难掌控和筛选的。

③大健康理念下娱乐、生活服务资讯、心理情感节目交叉融合。与上述两类节目相比，这三类节目的内容与狭义上的健康概念关系不大，主要着眼于情感疏导、娱乐情绪和提供生活帮助的角度，在节目中传递“大健康”的概念。由于专业性要求不高，所以几位节目主持人在三类节目中交叉换位，时有兼项。比如，关心一人身兼《亲亲宝贝》（心理情感类）、《流金岁月》（娱乐类）和《美丽夕阳》（生活服务资讯类）三档节目的主播，横跨三种节目类型。这也使得这三档节目在话语风格、节奏等方面出现一定程度的雷同感。同时，笔者还注意到，该频率同一位主持人的节目的粘连性过强。比如，晓涵主持的《过去那些事》（22：00～22：30）和《午夜收音机》（22：30～23：30）两档节目完全黏在一起，加上两档节目都属于心理情感类节目，在组织形式上也有一定的相似性，所以难免出现参与节目的听众把《过去那些事》的话题延续到《午夜收音机》的尴尬情况。

实际上，出现这种高粘连性的原因我们不难理解，主持人希望在一段紧凑的时段内把节目直播完，提高工作效率。但这样一来，不仅节目本身会出现同质感，而且主持人的个人风格往往会被节目带乱而缺乏辨识度。

当然，也有些节目的粘连关系是合理的、恰到好处的。比如，同是阿松主持的《阿松生活网》（07：00～08：00）和《阿松导医台》（08：00～09：00），两档节目分别属于生活服务资讯类和就医服务类，内容有一定的冲突性，不会造成节目的雷同感。同时，阿松个人的影响力也会吸引一大部分听众从《生活网》自然过渡到《导医台》，从而使这两档节目成为该频率早高峰时段培养忠诚度、稳定收听率的保证。

通过观察发现，江苏电台“健康广播”在节目内容上围绕“大健康”的概念进行设置，以健康知识和服务为宗旨的节目并非节目的主体，与养老、娱乐和情感相关的节目才是播出主体，其专业定位存在于健康和老年之间。这种定位上对健康的游离，很大程度上基于频率内部专业传播人员的不充足。

此外，医药节目对健康广播公共服务性的冲击也是一个现实的矛盾。电台自办的服务性节目希望真正行使健康传播的使命，带给听众必要的帮助和引导。但与此同时，医药节目是频道维持生存和发展的一种需要，其本身存在的一些虚假和欺骗成分牺牲了服务性节目培养起来的听众对电台的信任感。健康专业频率自身无法逃离这种现实的悖论，需要进行调整和反思。

第四节　健康广播收听市场分析

根据国家新闻出版广电总局的统计，截至2012年年底，全国县级以上广播播出机构2326个，广播频率2814个。其中，地级以上广播电台（或广播电视台）356家，广播频率1024个。❶ 据慧聪广电网的报告，2013年，全国广播人口综合覆盖率达97.93%。本节重点结合媒介研究机构赛立信公司的调查数据和结果，分析我国健康广播收听市场的基本特点和相关启示。

一、健康广播的收听比例

赛立信对2013年广播收听市场的调查发现，音乐和新闻节目是听众最喜爱并且最常收听的广播节目。经常收听这两个类型节目的听众比例分别高达62.8%和61.0%。此外，交通类，生活、消费资讯，曲艺、相声、小品节目也广受听众喜爱，占比都在20%左右。随后是天气预报，聊天、谈话节目，小说连播、广播剧，娱乐游戏类节目和情感故事类节目。经常收听这些节目类型的听众均在10%以上。健康、医疗保健节目❷属于相对小众

❶ 梁毓琳. 2013年中国广播收听市场分析[EB/OL].（2014-03-18）[2016-05-20]. http://www.bpes.com.cn/zh-CN/displaynews.php? id=2444.

❷ 媒介调查公司一般将健康节目和医药节目放在一类进行统计，因此我们在这里也不再作细分，仅以相关数据来说明和分析一种整体上的情况。

化的节目，经常收听的听众比例在6%~10%。

二、现阶段健康广播的收听特点

（一）现阶段广播收听人口的基本特点

根据国家统计局的最新数据，2013年全国总人口为13.5亿。赛立信媒介研究的调查显示，2013年全国城乡居民的广播接触率为59.5%。据此推算，2013年全国广播听众总规模为6.72亿人，比2012年增加了1.8%。其中，城市听众4.47亿人，占66.5%；农村听众2.25亿人，占33.5%。❶

在听众年龄上，35~54岁的中青年及中老年群体构成了我国广播市场上的主力受众。2013年的一个新趋势是，汽车广播、手机广播和网络广播的应用普及推动了广播听众出现年轻化趋势。调查显示，车上收听广播的移动听众主要集中于30~39岁年龄段，所占比例达42.2%。手机或者网络收听广播的听众超过80%是45岁以下的中青年听众群，35岁以下的超过60%。这种趋势有望进一步发展，为广播吸引越来越多的年轻听众收听。

总体收听率数据显示，男性听众收听率高于女性，收听率随年龄的增长而增长，中等学历收听率相对较高，月平均收入1001~1500元的听众收听率较高，车上收听成为仅次于在家收听的收听行为。❷

（二）健康广播听众多分布在55岁及55岁以上中老年人群

表2-8显示，年龄对听众收听广播的目的有显著的影响。年龄越大的人群，通过收听广播了解新闻资讯、生活资讯和医疗资讯的需求越大。尤其是55岁及55岁以上老年人，以了解医疗资讯为收听目的的比例明显高于

❶ 马瑞玲. 关于广播中健康节目的几点思考[J]. 中国广播,2012(11).

❷ 王平. 2012年广播收听市场概况[EB/OL]. http://www.csm.com.cn/index.php/knowledge/showArti-cle/ktid/2/kaid/924.

其他年龄层听众群。随着年龄的增长，人们身体状况日益下降，所以这个年龄段的听众更加注重身体健康和保健。

表 2-8　不同年龄听众的收听目的❶　　单位：%

目标听众	25 岁以下	25～34 岁	35～44 岁	45～54 岁	55 岁及 55 岁以及上
了解新闻资讯	46.7%	61.7%	70.1%	73.0%	73.0%
听音乐	60.0%	49.5%	42.8%	35.8%	27.4%
了解生活资讯	28.4%	37.5%	40.4%	43.1%	59.4%
娱乐放松心情	41.8%	29.3%	30.6%	29.6%	26.3%
了解交通信息	18.9%	35.3%	37.7%	31.5%	20.0%
参与广播节目/参加抽奖	14.5%	17.2%	12.2%	11.3%	10.1%
了解市场/财经信息	8.5%	14.0%	14.4%	15.3%	10.8%
了解医疗资讯	6.7%	7.7%	9.6%	16.2%	38.2%
纯粹打发时间	11.5%	11.2%	11.3%	8.6%	10.8
情感释放的渠道	10.4%	11.0%	9.2%	8.6%	8.8%
了解体育资讯	7.8%	10.4%	10.9%	9.1%	6.5%
听小说广播剧	7.3%	7.7%	9.6%	8.8%	12.9%
寻求专业帮助	2.1%	2.0%	1.7%	3.1%	3.5%
投诉或者提建议	0.7%	1.0%	0.5%	1.8%	1.4%

表 2-8 的调查统计结果与赛立信 2011 年对北方广播市场的一次调查结果说明的问题近似。图 2-8 则反映的是不同年龄段听众对健康广播节目的需求情况。20～39 岁的中青年人当中，10%～15%的受访者对健康广播节目有收听需求，且需求规模呈增长态势。40～59 岁中年人当中，也有 20%左右的受访者表达了对健康广播节目的收听需求，两年间的需求规模相对稳定。60～69 岁听众对健康广播节目的需求最为旺盛，达到 30%～40%的人群比例，而且在 2010—2011 年两年间的需求增幅也最大。可见，听众对健康广播的需求与年龄段的高低是成正比的。年龄段越高的人群，对健康广播

❶ 梁毓琳. 2013 年中国广播收听市场分析[J]. 声屏世界广告人,2014(5).

节目的需求越旺盛。

虽然2011年和2013年两次调查报告对听众年龄段的划分标准不同，但从收听走向和不同年龄层的对比可见，55岁及以上听众是健康广播节目的收听主力。

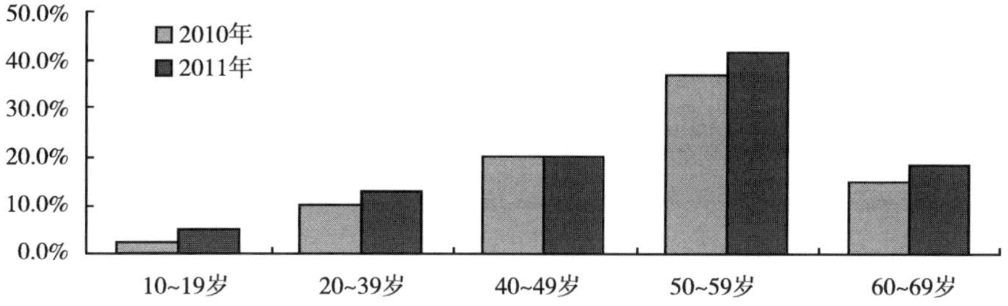

图2-8　北方广播市场不同年龄广播受众对健康节目收听需求❶

（三）听众在不同时段对健康广播节目的需求

赛立信公司的研究人员发现，虽然现在医药节目在社会上饱受质疑，但是健康节目依然有不少的听众。在听众希望增加的节目类型中，健康节目是获选率最高的节目类型之一，说明现在听众已经越来越关注自身的健康状况，健康、养生方面的资讯和服务节目将会越来越受到关注。❷

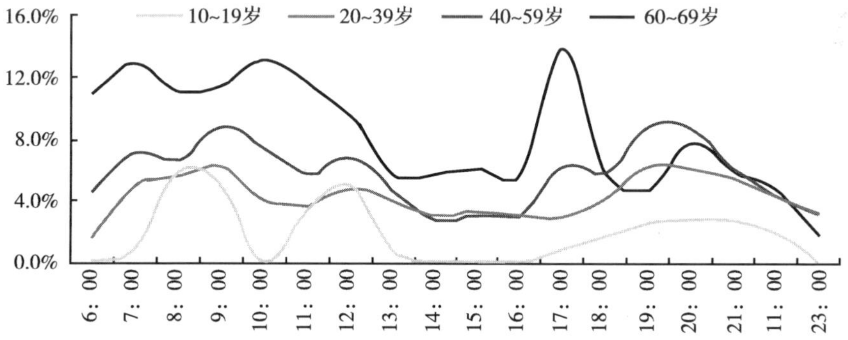

图2-9　北方广播市场各年龄受众各时段对健康节目的收听情况❸

❶ 资料来源：赛立信媒介研究，2010—2011年.

❷ 黄学平.2010年中国广播收听市场分析[EB/OL]（2011-05-18）. http://blog. sina. com. cn/s/blog_4a02f3e30100s3xb. html.

❸ 资料来源：赛立信媒介研究，2011。

图 2-9 反映的是不同年龄段听众在各时段对健康广播的需求情况。可以看到，在北方广播市场，60~69 岁老年受众“早间—傍晚”时段对健康节目的收听优势较为明显，以“早间—上午”时段收听情况较为平稳；40~59 岁中老年受众，虽然大部分时段对健康类节目的收听情况稍弱于老年听众，但各时段收听情况却普遍优于中青年受众，以早晚时段收听需求较为明显；20~39 岁青年受众对健康节目的时段收听走势较为平缓；10~19 岁青少年受众早间及午间部分时段对健康节目收听需求略高，其余时段收听需求普遍有限。

（四）健康广播主力听众倾向传统收听工具

根据赛立信的调查显示，2010 年时，使用收录机和便携收音机收听广播的听众分别为 42.7%和 37.5%，因此收录机和便携收音机仍然是两种最主要的收听工具，而当时使用手机收听广播的听众只占 18.1%。[1] 但随着网民的增加，年轻听众群越来越大，手机作为收听工具的选择率明显增多。到 2013 年，使用手机收听广播的听众比例上升至 47.8%，超过传统收音机成为听众收听广播的首选工具，见图 2-10。

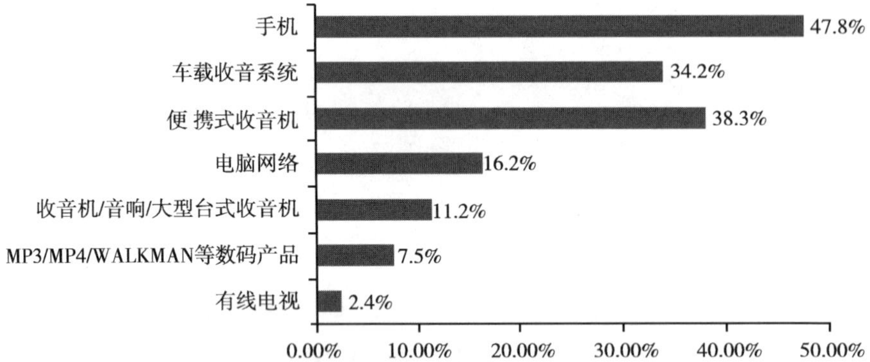

图 2-10　2013 年全国广播听众收听工具的选择比例[2]

[1] 黄学平. 2010 年中国广播收听市场分析.［EB/OL］(2011-05-18). http://blog.sina.com.cn/s/blog_4a02f3e30100s3xb.html.

[2] 梁毓琳. 2013 年中国广播收听市场分析[J]. 声屏世界人广告人,2014(5).

赛立信2013年的调查报告进一步指出，听众年龄的变化对其收听终端的选择密切相关。年龄越大，选择新媒体收听终端（如手机、电脑网络和随身数码产品）的听众比例越低。在25岁及以上的听众中，选择便携式收音机和收录机（音响/大型台式收音机）的比例与年龄呈正相关；其中，55岁及以上老年听众的选择比例高达85.1%，是传统收听工具的忠实拥护者。

可见，虽然移动收听设备越来越普及，它不断改变着广播收听工具的分布面貌，但对健康广播的主力收听人群而言，他们还是更倾向于选择传统的收听方式。

三、扩展健康广播收听市场的思路

（一）创新节目内容

不论在何种媒介发展环境下，广播节目的品牌意识和精品意识都不会过时。因此，扩展健康广播收听市场的首要条件就是根据目标受众的人口学特点、媒介使用特点、对健康信息的需求特点等创新节目内容，提供实用、有效、贴近、科学、可听的精品节目。

（二）嵌入听众生活 重点打造两大时段

从图2-9看来，各个年龄层听众都在早间到上午和晚间两大时段均表现出积极的收听热情，是典型的两大高峰时段。因此，健康广播可针对受众的这一收听习惯和需求特点，在这两个时段推出健康广播精品节目，在稳定听众规模的同时，增强多年龄层听众的聚集能力。

（三）适应中青年人需求

从现阶段广播收听人群的基本情况看，年轻化和移动收听是未来广播收听市场的两个基本特征。现有健康广播节目大都以中老年人对疾病和养生的需求为关注重心，忽视了对中青年人健康需求的关注。图 2-8 说明，中青年人对健康的需求是呈现增长和平稳态势的。因此，推出适合这一群体的健康广播节目尤为必要，它有利于稳固这部分听众的忠诚度，可以扩大健康广播的收听人群。

第三章　健康广播中的医药节目探析

在健康广播的发展过程中，医药节目对其全方位的渗透是一个不容忽视的问题。医药节目套用了健康广播节目“主持人+嘉宾+热线”的结构方式，在“健康”的名义之下从事变相广告传播。但这些医药节目又因为自身广告成分的多少而呈现出不同的面貌，有的是知识性和广告性交杂，有的则表现为强行广告售卖。正因如此，医药节目作为健康广播中的一个特殊产物，渗透在电台实际运行的多个层面，在为电台创造了庞大的经济效益的同时，也产生了一系列传播乱象。近几年来，有的电台开始尝试摆脱对医药节目的依赖，从不同层面上作出整改。但从实际效果看，这种整改整体难度较大，也会面临诸多新的问题。

第一节　医药节目中的健康成分

医药节目的特点是打着“治病救人”的旗号进行医药产品的推销和营销。但是基于不同的节目产制观念，不同的医药节目中广告成分和健康知识性成分的多少有别，听众从中获取的健康价值大小也有分别。

一、医药节目的性质区分

在医药节目中有一类是强行卖药节目，这类节目将医药产品销售视为唯一目标，因此是一种纯粹的商业行为。所谓的“专家”根本讲不出什么实质的内容。比如，某种慢性疾病的根源和表现如何？这种药品的具体成分是什么？有怎样的针对性？除了用药外，还有没有什么其他的食疗方法或预防措施等。它们往往是通过讲故事、述心情、打包票等方式拉拢听众的收听兴趣。他们往往用“五脏同调”和“气血双补”等玄虚的理论蒙混视听，开展买赠活动鼓动听众抓紧购买。节目中含有形式多样的说服手段，许多节目甚至还采用热线“医托”帮助说明“效果”。这类节目属于打着健康幌子的“伪健康”节目。

除此之外，还有些医药节目是将知识和营销结合在一起的。比较典型的有以下四种。

1. 中医知识和自创养生法传播节目

这类节目本质上是广告节目，但其在内容和形式上尽量淡化广告色彩。第一，节目的播讲人多被介绍为极有中医学术文化造诣的之家，且有一套自创或受传承的中医养生方法，有一系列相关健康养生产品。第二，在播讲内容上，播讲人以传统中医知识理论和自家口诀功法为主，且播讲人语速慢、语态沉着缓和，给人以权威感。第三，播讲人不是一味地向听众推销产品，他（她）会时常结合病症提供药方和进食方法等。上述三点大量稀释了节目的广告特征，但实际上，知识的传播、养生口诀和药方的免费提供、播讲人的个人权威感等都是无形广告的一部分，都会吸引听众到线下专卖店去实际学习或购买相应产品。在多家电台同时播出的“祥康快车”和“精正福元堂养生讲座”等均属于这类节目。

2. “知识+诊病+隐性营销”三位一体节目

这类节目分为两个段落，第一个段落是重点围绕某种疾病或某个健康问题讲解预防和诊疗知识，第二个段落是接听热线电话，空中诊病，并且是全科问诊。在主讲人讲病和问诊过程中，均不为某种药品或机构进行宣传，听上去很像一档电台自办的知识性与服务性兼备的健康节目。但听众在讲的过程中却可发现，主讲人在节目中时常提到某个电话号码，主讲人反复提示听众如有问题请随时拨打电话。上网搜索发现，该号码是某种药品在当地经销药方的电话。因此，这种节目在知识和服务之外，还带有隐性营销的成分。

3. “知识+诊病+营销”三位一体节目

这类节目与“知识+诊病+隐性营销”节目在形式上较为相似，也分为讲知识和问诊（全科或针对某种疾病）两个段落，所讲的内容也相对平实，不吹嘘，不浮夸。但其营销性内容却不是隐性的，而是显在的。主讲人会在知识讲解时提到所代言药品的成分、功能主治，在问诊过程中也会适时建议听众使用所代言的药品。整体上看，这种节目将营销因素穿插于知识和服务环节当中，知识性内容言之有物，不刻意夸大营销内容，是广播医药广告较常使用的一种传播方式。

4. 伴有少量知识的产品营销节目

这类节目与“伴有少量营销的健康知识性节目”恰好相反。它们不是在知识性节目中点缀少许广告，而是在大量广告营销篇幅中点缀了少许知识性内容。这少许知识性内容是铺垫性的。比如某种疾病的成因、症状等，其目的是服务于自家产品的营销，讲解该产品如何对症、如何化解症状等。热线接听环节的讲述内容也是如此，主讲人既帮助听众诊病、分析病因，又向其推广产品。与单纯的卖药节目相比，这类节目的知识性内容多一些、准确一些，但本质上却近似于卖药，只是“忽悠”的成分少一些。

二、医药节目中的健康有用性

由于医药节目中广告和知识成分比例的不同，而向听众呈现出多样化的表现形态。听众从中获取的健康有益成分也多少不一。本研究的一位访谈听众张女士在最近几年内坚持收听某档养生法传播为主的医药节目，并遵循广播中教授的要领每天坚持操作实践，一些长期困扰她的小疾病得到了改善或症状消除。

张女士说："最起码我这肚子减下去了，推肚子、呼吸吐纳这些办法是起作用的。2007 年、2008 年的时候，我的眼睛总是模模糊糊的，眼屎还特别多，每天老拿着手绢擦啊擦的；再有，我的鼻子也有点鼻炎，早晨起来时鼻子得干的不行。后来"健康快车"节目教你做"三部曲五步操"，我一直坚持做下来了，原有的一些症状慢慢都改善了。还有以前我的腿有点退行性病变，现在腿基本不疼了，好了。"

另外，虽然强行卖药节目一味向听众兜售药品，不能起到健康知识传播的作用，但笔者在访谈中发现，的确有听众在使用该产品后，收到了不错的治疗和恢复效果。王女士从 2008 年开始购买和使用某保健产品，长期困扰她的失眠问题得到了改善和解决。

王女士说："以前怎么都睡不着，吃药也不管用，一年下来能吃三瓶安眠药。后来听收音机知道了××（产品），我就去买来喝，一直喝，很管用。后来停药之后，我的睡眠也一直不错。"

医药节目从本质上说是广告节目，而不是以健康普及为根本。尽管有些节目包含有或多或少的健康知识，但多数情况下需要听众自己去辨别和判断。

第二节　健康广播中的医药乱象

医药节目是健康广播中的一个"灰色"地带，它虽然为广播电台解决了创收难题，但同时却给广播公共平台带来了伪科学传播和伪健康传播的问题。医药节目不仅大量占用了健康广播的声音资源，还给健康广播的正面效果带来了负面影响。本节将重点就上述问题展开分析和探讨。

一、存在伪科学传播

（一）包治百病

医药节目的营销对象主要是患有一种或多种慢性疾病的中老年听众。

在人口老龄化和工业化的过程中，慢性病人群的快速增加不断拓展着卖药广播的市场空间。值得注意的是，许多医药节目不专门针对某种疾病的治疗与康复，而是以“包治百病”为能，强调旨在解决中老年人一体多病的问题。统计结果显示❶，33.3%的节目所代言产品的适应症是5种及以上的多种/综合疾病，这意味着有1/3的卖药节目是多病同治的“万能药”。

“几乎所有慢性病都能治”“患多种病，只吃一种药”。类似的“一药治百病”的承诺在医药节目中十分常见。有些医药产品甚至连成分是什么都未作说明，就开始吹嘘产品“可以五脏同调、治愈百病”。而实际上，由于慢性病因、病情的不同，需要不同的医疗处置，因此“一药治百病”的说法和做法是没有科学依据的。

（二）根除慢性病

症状顽固是慢性病的一个特点，在临床上很难在短期内治标又治本。长期治疗和用药，还容易让患者在精神上产生消极甚至是绝望的情绪。而现在许多广播医药广告深谙慢性病患者的这种心理，承诺本药品可以对慢性病“治本去根”。

“咱不需要长此以往没完没了地用药，只需要短短的四副的治疗周期，就帮助大家彻底地除掉眼部病患。”❷

统计显示，在76.7%的节目中，主讲人都对听众作出了“根治”“药到病除”“治愈”等“保证”，并强调所代言的药品、保健品可以将各种久治不愈的慢性疾病彻底根除，不复发、无后患。也就是说，广播里卖的医药产品中，有近77%都“号称”可以达到根治疾病的效果。听上去，这的确比医院和医生的能力都要大。如果真有这样的“奇效”，那么慢性疾病患者完全没有必要再去医院。患者只需要在收音机前守株待兔，有很大的机率

❶ 笔者选取了河北电台、石家庄电台、邯郸电台、唐山电台共4家电台的60期节目为样本，抽样时间为2012年12月和2013年1月。

❷ 石家庄电台“经济广播”，《1009养生堂》节目，0:00~2:00，2012年12月15日。

就可以听到能治愈自己顽疾的药物出现。不容否认的是，这些所谓“根治”“药到病除”的“保证”对长期依赖药物或医院治疗的病患者来说，的确是很有吸引力的信息和卖点。

（三）违背“辨证施治”原则

专业医疗坚持辨证施治、因病人而异的面诊原则和方式，而不以一方一药包治所有同类患者。❶ 但在不少医药节目中，主讲人对热线问询听众的答复近乎是统一的：这款药品可以治疗你的疾病，你需要用×个疗程，或再用×个疗程。在当下广播中、远程问诊中，已然突破了专业治疗的原则，不加分别地推销药品，这更加说明了医药节目的非科学性。而且，大多数节目还有花样繁多的促销手段，如买药赠药、打折销售等，将性命攸关的药物当成一般商品进行销售，这也充分暴露了当下医药节目的广告属性。

二、医药节目对健康广播公共服务的冲击

（一）健康广播播出资源被占用

1. 全国范围的普遍现象

在健康广播节目普及的同时，医药节目也在以更快的速度、更大的规模向各地各级电台渗透。电台健康节目不仅需要像一般节目一样花费人力、物力和心力去制作播出，还需要有健康医药专业资源的支持。而医药节目大都由广告商按特定的套路制作完成，电台只是其播出窗口之一。因此，相比之下，健康广播节目的产出量远远跟不上医药广告商的专题产量。此外，电台在创收环节对医药节目的依赖度长期居高不下。所以，不管从单一频率、某家电台的层面，还是从整个广播行业来看，健康广播节目在这

❶ 邓炘炘，常昕. 无“健康”，不广播——国内电台健康医药类传播现象述析[J]. 现代传播，2012(8).

一时期仍处在被医药节目淹没的状态。

2013 年初，笔者对全国 31 家省、自治区、直辖市（不包括港澳台）电台进行摸排发现，有 2/3 以上的省级电台都有医药节目播出。随后，笔者随机抽取了其中的 12 家省级电台的情况进行具体统计。图 3-1 显示的是 12 家省级电台医药节目的规模比重情况。其中，浅色柱代表该台医药节目的日播时长总和，深色柱代表含有这些广告专题节目的各频率的日播时长总和。二者之间的高低对比，表明某电台医药节目占有频率资源的比例。从中可见，陕西、黑龙江、河北三家电台的医药节目占有频率资源的比重最大，均已达到 45%左右的水平。❶

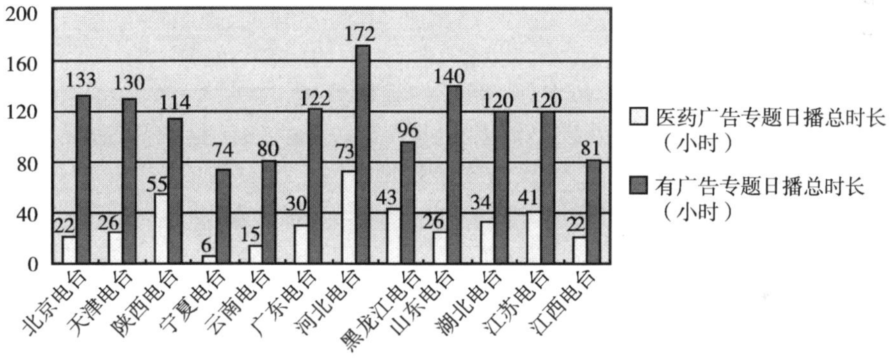

图 3-1　国内 12 家省级电台“健康广播”的规模占比情况❷

从频率分布上看，医药节目在各专业频率上都有分布的特点也很明显。比如，陕西电台所属 10 个广播频率中，只有两个频率没有设置医药节目；黑龙江台的 10 个频率中，有 6 个设有医药节目 。

这 12 家电台中，大多数电台都设置了一档健康广播节目，都为一小时时长。将健康广播节目与医药节目的规模对比看来，体量差距是极为悬殊

❶ 12 家省级电台中，医药节目占有频率资源的比重分别是：北京电台 17%；天津电台 20%；陕西电台 48%；宁夏电台 8%；云南电台 18%；广东电台 25%；河北电台 42%；黑龙江电台 45%；山东电台 19%；湖北电台 28%；江苏电台 34%；江西电台 27%。

❷ 根据各个电台 2013 年年初的节目单和实际收听情况绘制此图。

的。河北电台健康广播节目与医药节目的规模比例大约为 1∶70，陕西台的比例大约为 1∶50，黑龙江台的比例大约为 1∶45。其他电台的规模比例大约保持 1∶20~1∶30。除此 12 家之外，只有少部分电台如上海电台、湖南电台的自办节目和医药节目比例大体相当，或无医药节目。

此外，笔者还同时随机抽取了济南、大连、武汉等 7 家省会城市台和计划单列市电台。统计发现，这些城市电台也都有医药节目，但在频率资源占比上要小于相应的省级电台（昆明电台除外）。❶ 从健康广播节目与医药节目的规模比例上看，二者的规模相差则比省级电台更为悬殊，比如，昆明电台、武汉电台几乎全部是医药节目，而没有健康广播节目。

2. 河北电台医药节目个案分析（2012—2013 年）

（1）医药节目成为“健康”广播的主体。

根据 2013 年 3 月份的节目单和实际收听发现，河北电台仅有生活广播的《燕赵名医堂》是以诊疗服务、疾病知识传播为主的健康广播节目，其他节目虽然大都冠有“健康”“养生”等字样，但实际情况是广告成分多少不一的医药节目。

《燕赵名医堂》只有 1 小时的播出时长（17：00~18：00），而种类不一的医药节目的日播总时长却高达 72.5 小时。也就是说，医药节目的规模是健康节目的 70 多倍，二者之间的不成比例和失衡状况完全可以用“严重”来形容。

（2）系列频率皆播出医药节目。

河北电台共有新闻、经济、交通、音乐、旅游、农民、文艺、生活八个频率。除交通台和音乐台外，其他六个系列台均采用调频和中波双频播出。一般而言，绝大多数电台在向各系列台安放医药节目时，一般都会有意识地避开收听率较好的交通台和音乐台。但河北电台的情况却有所不同，即使是交通频率和音乐频率也都有少部分医药节目播出。这说明，河北台

❶ 7 家省会城市（及计划单列市）电台中，医药节目占有频率资源的比重分别是：济南台 17%；大连台 26%；武汉台 16%；西安台 21%；宁波台 19%；长春台 9%；昆明台 33%。

是一个全系列播出医药节目的电台，足可见这部分内容体量之巨大。

（3）医药节目的规模占全台日播资源的38%。

每天全台八个频率共播出医药节目72.5小时，占全台日播总时长的38%。按日播出规模大小分别是：农民广播14小时、生活广播13小时、经济广播12小时、旅游文化广播11小时、新闻广播（中波）10.5小时、文艺广播10小时、音乐广播1小时、交通广播1小时。笔者任意选取了北京、河北、山东、山西、江苏五个省级电台的情况进行比较。结果发现，在医药节目的绝对量上，河北电台是五个省台中最大的，而且除交通台和音乐台外，其他几个系列台日播医药节目都在10小时以上，多者能占到频率一半甚至一半以上的播出时间。

河北电台共有8个频率且全部实现24小时播音（新闻广播中波台除外），拥有比较优越和充足的播出资源和条件，可是其中有近4成被医药节目占有。双频、多频等措施对扩大收听范围是有益的，但如果不能控制医药节目的播出体量，恐怕再广的收音范围也无助于播出效果的提高。

笔者在2012年也对河北电台医药节目的播出情况进行了记录。当时，河北电台全台医药节目日播时长约为47小时，而2013年则在此基础上新增了25小时左右，增幅超过53%。

（4）医药节目24小时全时段覆盖。

河北电台在全天24个单小时时段都有医药节目播出；也就是说，听众在全天任何一个时段都有或多或少的机会从该台接触到医药节目。医药节目在时段分布上的松散性，说明此类节目规模过大，已经很难做到在某几个时段的集中，而是需要全频率、全时段去分担这种压力。

（二）医药节目主持人的功能弱化趋势

作为广播行业里一种特殊的节目类型，医药节目的主持人在功能和角色上却有别于一般节目主持人。首先，医药健康节目主持人一般不在节目中介绍个人身份，极少有主持人在节目开头自报家门。其次，主持人不占据节目的主导地位，在节目中享有的话语空间极少，个人特色更无从谈起。第三，主持人向受众传递的信息量有限、时机有限，也不能给受众解答问题，主讲人代替主持人占据话语主导地位。那么，为什么医药节目主持人可以在早期的节目里有一定把控引导能力，而后来却逐渐丧失了这种功能呢?

第一，这与医药节目本身的制作特点有关。在 20 世纪 90 年代中期的医药节目中，电台主持人与主讲人同处播音间内对话、交谈，但是基于减少成本、扩大产出的考量，医药广告商纷纷开始将主讲人从电台撤走，要么用连线的方式直播，要么用录播带伴装直播。尤其对于录播节目的主持人而言，录播音频是主讲人事先录好的，除了开头处、热线之间、结尾处，没有主持人可以插话、对话、引导的余地，只能是把主持音频和主讲音频拼接起来，合成完整节目而已。

第二，主讲人的播讲有鲜明的层次感和套路性。例如，主讲人应讲明某种疾病有什么危害；其他药品或治疗方式有什么不好；我的这个产品有哪些与众不同之处，可以提供更好的解决方案；正在举办优惠活动，呼吁尽快购买。这是许多医药节目经常使用的一种说服套路，即便是热线环节也可以按照这种套路进行，且可以每天往复循环地使用。劝服的重要手段之一是不断地重复，如果把主持人提问的时间抽掉，便可以多播报几次优惠信息、购药电话，多强调一次药品的功效。在此状况下，医药广告商当然更愿意压缩主持人的语言空间。

(三) 医药节目成为电台创收的主要来源

以华北地区某省级电台的情况为例，2012 年，该省台广告收入约 1.8 亿元，其中医药节目占 75%。2013 年，广告收入增长到 2.4 亿元，医药节目占 50%左右。尽管在加大广告结构调整的情况下，医药节目的创收占比下降了 25%，但仍意味着全台收入的一半来自医药广告商。

医药节目对一些地、市电台则意味着更大的价值。2012 年，某城市电台广告收入近 4300 万元，其中经济广播收入 1500 多万元，新闻广播收入

1400多万，交通和文艺广播共计1300多万元。这也意味着，经济和新闻两个频率的收入达到全台年广告收入的3/4。不过，这3/4的广告结构却极其单一——两个频率各有90%的份额是由医药节目创造的。从整体上看，全台80%的广告收入源自医药节目，其他类型的广告只占两成左右。

三、医药节目对健康广播的负面影响分析

（一）透支广播的公信力

传媒的公信力是传媒在受众和社会中长期形成的信誉度、权威性和影响力，是媒介所具有的赢得公众信赖的品质和能力。公信力是在社会大众长期形成的，它的核心是公众对媒体的信任和信赖，是公众对于媒介作为公共产品所履行社会职能状况的评价。[1] 广播的公信力则是听众在长期获取广播公共服务的过程中建立起的信任与信赖。

医药节目在质和量的两方面，破坏着听众业已建立的广播公信力。首先，由于医药节目体量上过于巨大而遭受听众的非议。前文已经梳理过，目前全国2/3的省级台和多数地市台、区县台都设有医药节目，听众的收听环境中常年充斥着这种软性广告。有的忠实听众便出于对电台的不满，而将此问题投诉到政府部门。其次，虚假医药广告不仅造成了听众在钱财上的浪费，甚至会影响其生命安全，所以有关这方面的社会反馈则更为常见。

但笔者在新闻报道和网络论坛上查阅相关社会反馈时发现，听众不满情绪的根源原本应是某种没有疗效的药品，但因为这种药的售卖平台是电台广播节目，所以该听众认为广播电台理应承担责任、承受责骂。听众甚至不记得这种药的名称，但却很清楚地指出了电台频率和节目名称；这意味着，医药节目表面上是迫于广告效益而让渡了时段资源，而实际上却是

[1] 喻国明.大众传媒公信力理论初探(上)——兼论我国大众媒介公信力的现状与问题[J].新闻与写作,2005(1):11-12.

在透支听众的信任和对电台广播的感情。

（二）带来行政监管难题

尽管有法律法规的“红线”在约束，有行政职能部门的监督和曝光，我们在实际观察中却发现，很多时候电台会轻松越过政策法规的“红线”，而按照自己的一套标准来播出医药节目。“越管越多”的医药节目一方面说明了行政管理机制可能存在的问题，更重要的是反映出电台和医药广告商之间的某种默契。这种默契既体现为有法不依的强硬，也体现为“善打擦边球”的圆滑。

医药节目中最明确的违法行为是，利用患者的名义证明医药产品的效果。本研究抽样统计显示，近乎100%的节目都存在用患者作证明的现象。而且，听众的证言不仅出现在热线问诊环节，有的节目还事先录好患者被治愈的故事，在节目开头、中间、结尾处播放，是一种“改良版”的患者证明。在业内人士看来，如果没有热线对话，没有患者来为产品疗效作证明，专题的卖药效果就会大打折扣，所以长期以来，不管行政法规如何反复强调，都很难将热线环节从医药节目中剔除。电台的内容审查环节不严格也对此负有责任。❶

另外，对于电台医药节目最直接的监管者——同级的工商部门而言，其与广电部门属于“兄弟”职能部门。我国行政机构一般采取同行业由上而下逐层管理的运行模式，而不同行业的同级别部门之间缺少相互管理的机制。因此，即便是具有执法能力的工商部门，在处理电台医药广告中的违法行为时，也多了三分礼让。

（三）暗埋广播经营危机

“传媒产业的赢利模式一般有四种：一是卖内容，二是卖广告，三是卖

❶ 唐山电台、河北电台和山东电台等多位电台广告人员在访谈中都曾谈到这一观点。

活动，四是资本运作。我国传媒产业的一个基本现实是，过度依靠卖广告这种单点支撑的赢利模式，这使传媒经营的风险程度很高，高度受制于广告业的风吹草动。”❶ 医药节目是一种套用了健康节目形式和外壳的软性广告，所以医药节目进入广播实际上也是电台卖广告的一种。从前文列举的河北电台和唐山电台的广告经营结构看，目前广播行业的赢利模式相当程度上处在卖广告状态。

但是，对于报纸、广播、电视这些传统媒体而言，公共资源都是有限的，广播电台每天只有 24 小时的时间资源。“卖广告”越多，节目时间就越少，所以在电台内部都有一个“卖广告”，尤其是“卖时段”的大概临界点，而不会任由其进入。而当“卖广告”“卖时段”逐渐趋于饱和的时候，电台广告效益的增长便会趋于缓慢。尤其是政策管理等不可控的外来作用力会进一步激化电台的经营风险。

第三节　专项整改与医药乱象治理

2013 年，国家工商、药监等八个部门联合开展了针对虚假违法广告的专项治理行动。在这场为期四个月的专项治理中，全国各地各级电台均采取不同措施来规避行政处罚。绝大多数电台将医药节目全部撤掉换成常规节目或垫场音乐。还有一部分电台则在保证内容不违规的基础上继续播出。本节重点结合几家电台的实例，对医药节目的整改走向进行探讨和分析。

一、2013 年专项整治：内容明晰，力度强硬

“我国的违法药品广告包括假药和超适应症宣传情况十分猖獗，严重违法广告率已高达 58.2%。国家药监局下决心大力整治。”这是 2012 年 10 月

❶ 喻国明. 2004 年中国传媒业发展大势猜想[C]. 北京人民广播电台建台 55 周年广播论坛文集. 北京:中国广播电视出版社,2004:51.

9日，原国家药监局稽查局副局长邢勇在一次研讨会上透露的一条信息。2013年2月28日，国家工商总局、中宣部等13部门联合出台《2013年虚假违法广告专项整治工作实施意见》（以下简称《意见》）；同年4月23日，国家工商总局、中宣部等8部门在《意见》的基础上，进一步联合下发《关于开展整治虚假违法医药广告专项行动的通知》（以下简称《通知》），决定从2013年4月25日~2013年7月25日分三个阶段开展集中整治。

在此之前，工商、宣传、卫生、广电等相关部门曾经多次单独或联合出台文件，[1]对虚假违法医药广告进行管理，但似乎都未对医药广告市场产生强有力的冲击。但是，从2010年开始，多部门联合开展专项整治活动成为一项常态机制，且在管理态度和手段上趋于严格。2013年，不仅《意见》的出台方从12部门增加到13个部门（增加了国家旅游局），而且首次根据《意见》的要求，下发《通知》，对整治时间和安排、整治内容等都作出了更明确、更具体的指示。

此次《通知》之所以具有极强的约束力，关键在于它根据国家既有的法律法规和行政规范，对医药广告的整治内容进行了明晰化表述，这是2010年至2012年历次专项行动未曾做到的。

二、先行整改的电台收到积极反馈

在2013年全国广播电台进行专项整改之前，广西电台、广东电台就提前开展了绿色频率行动。2009年以前，广西电台的医药节目占广告营业额80%以上。从2009年4月起，广西电台逐步收缩医药节目，分阶段、渐进式改造频率品牌，先后停止了“文艺广播”“教育生活广播”“经济广播”

[1] 比如，《关于进一步加强广播电视广告宣传管理的通知》（广播电影电视部，1999）；《关于开展“反误导打虚假”广告市场治理专项行动的通知》（工商总局，2001）；《关于进一步加强对大众传播媒介广告宣传管理的通知》（三部门联合，2001）；《关于规范医疗广告活动 加强医疗广告监管的通知》（三部门联合，2003）；《关于进一步加强广播电视医疗和药品广告监管工作的通知》（五部门联合，2009）。

的相关内容。2012 年 7 月 1 日，全台全面停止医药节目。这一改革得到了市场的认可。2012 年经营创收 1.2 亿元，同比增长 25%，在南宁的市场份额为 60%，车上收听的市场份额为 71%，6 套频率在广西的收听率、市场份额、到达率三项指标均位居第一，实现了社会效益、广告经营双赢。❶

2012 年初，广东电台开始“绿色广告频率”试点运营，大幅压缩医药节目，整改版面 1 万多小时，减少节目版面 30%，品牌广告比例明显上升。2012 年，总广告收入不降反升，广告结构趋于合理。据央视索福瑞 2013 年 1 月广州地区广播收听率调查，在收听率排名前 10 名中，广东电台占了 6 个。截至 2013 年年初，全台 9 个频率中有 5 个“绿色广告频率”，对提升全省广告行业的社会公信力和市场竞争力均起到示范作用。

三、阶段性整改后又放开

观察看来，北京电台似乎是所有电台中最早采取整顿行动的一家。2012 年的专项整改行动之后，北京台就意识到医药节目的生存局面日趋严峻，开始寻求破解之道。其做法主要是针对医药节目的内容进行“去广告化”处理，除了取消听众热线、要求主讲人讲法收敛等做法外，还强化了广告部门的能动性和管理意识。以往北京电台对医药节目的播出前审听环节并未给予得到足够重视，或未得到严格执行。从 2012 年下半年开始，这个环节被重视起来。医药广告商送到电台的节目，会直接被送到电台指定的速达公司，后者将其以文字稿的形式交给广告部，广告部再逐字审核并按要求修改。❷

这一做法有效地净化了电台的频率空间，收到了良好的社会反馈，但却直接影响到电台的创收。所以，北京电台在 2014 年又逐渐放开了对医药节目内容的管制，药品的名称、报价、营销策略等又重新出现在节目里。

---

❶ 参见广西广播电影电视局网站。

❷ 医药节目主持人赵某访谈内容。

因此，在逐年增收的业绩发展思路下，坚持医药节目的净化需要抵住一段时期内效益下降的风险，也需要在经营的其他方面作出努力；否则，也只能在政策管制期间紧一紧，管制期过去再松一松。这种随着政策变化的阶段性调整在各地电台较为多见。

四、借助市场调整广告结构

（一）实行广告代理制

一直以来，河北电台各个频率的广告部对各自的广告创收具有直接的操作权和话语权，也就是更多地采用频率自营的办法来完成电台分派的创收任务。从 2013 年开始，电台逐步引入市场上的广告代理公司，对广告资源进行重新盘活和调整。但是由于市场代理的模式仍处在初始阶段，且各个频率之间的实际情况和需求也存在差异性，所以从表格统计的情况看，目前河北台 9 个频率❶的广告经营方式并不统一。整频率代理指的是电台把某个频率全部的广告资源打包代理给某家广告公司。行业代理则意味着电台把品牌广告❷的类别划分为汽车及其周边、糖烟酒、食品饮料、房地产、金融保险等若干个条块，每个条块交由一家广告公司代理。整频率代理和行业代理的一个共同特点是，不论代理公司的实际经营状况如何，其每年都要按照与电台谈妥的合同价格足额缴纳代理费用。也就是说，假设某个频率广告全年代理的合同价是 3000 万元，那么不管代理公司是超额营收还是实际亏损，它都需要向电台缴纳这一承租费用。如此一来，电台就把创收压力转嫁给了广告公司。

---

❶ 2014 年之前，河北电台共分设 8 个频率。2014 年 2 月，电台新增设科教频率，并将频率资源以一定的价格承包给某节目制作公司，该公司负责该频率的节目采制、人力管理和广告运营等。科教频率实际上是广播制作分离的一种操作和安排。

❷ 河北电台将全台广告从整体上分为两大类，一类是 60 秒及以下的品牌广告，一类是 1 分钟以上的专题（主要指的是医药节目）。

（二）品牌广告增量补充医药节目损失

河北电台从 2013 年开始的广告结构转型的思路是借助外部广告市场的充分竞争，实现各频率经营结构的渐次调整，减小对医药节目过深的依赖，进而形成一个“品牌强专题弱”的成熟的结构整体。当然，想法的执行需要一个有效的约束力予以推进。河北电台的这个约束力是从创收规划和绩效考核制度上给各个频率的医疗专题划定红线，明确规定了专题时段的上限。这意味着电台把广告收入的增长点从医药节目撤离，而放在由代理公司辅助完成的品牌广告上。品牌广告的创收增收计入频率绩效，而医药节目不再放入绩效考核的范围。这意味着，医药节目是存量而且有下行趋势，品牌广告是增量，并会刺激专题存量的减少。

从广告收入的实际数据看，河北电台调整广告收入结构的做法是有实际效果的。在全面引入市场代理机制之前的 2012 年，全台全年广告收入大约为 1.8 亿。其中，医药节目的创收比例占 75%，品牌广告只占 25%。也就是说，整个电台广告创收和运行支出的 3/4 都要依赖“卖药”。2013 年 7 月的专项行动使电台在医药节目方面直接损失了 2300 万。但经过测算，2013 全年电台的广告业务额不降反升，同比涨幅超过 30%，达到了 2.4 亿元。

适时实行广告代理制是稳定增长的重要原因，也在一定程度上弥补了医药节目停摆期间所造成的损失。

五、主流频率的广告“天花板现象”

（一）中国广播广告的“天花板现象”

“天花板现象”原本是指在领导干部的成长过程中，大多数人达到一定级别后，晋升空间会越来越小，从而在不同阶段遇到自身仕途的“天花板”

的状况。而这种成长空间小、逼近发展极限的“天花板现象”也可以形象地用来形容中国广播广告的现实困境。

近年来，中国经济整体上呈现逐渐放缓的趋势。受经济大环境的影响，我国广播广告市场增速明显放缓。表 3-1 显示，2008—2009 年金融危机期间，广播广告增速大幅衰减。2010—2011 年，广播广告总量和增速都有较大幅度回升，但 2012 年增速又迅速回落十多个百分点。虽然十几年间的广告总量逐年攀升，但增速已经明显放缓，且状态不稳。我国广播广告结构不合理的矛盾和问题开始显现，广播单纯依靠广告（包括变相广告）的做法带来了广播广告的“天花板现象”。

表 3-1　中国广播广告增长态势（2001—2012 年）

年份	广告收入（亿元人民币）	比上年增长（%）
2001	18.93	20.96
2002	21.04	7.51
2003	28.19	33.98
2004	32.9	16.7
2005	38.9	18.2
2006	57.2	47
2007	62.8	9.79
2008	72.57	10.89
2009	81.46	12.25
2010	99.58	22.24
2011	123.32	23.84
2012	136.20	10.44

资料来源：《中国广播收听市场年鉴》。

（二）技术手段增加健康广播频率覆盖——河北新闻广播双频制

所谓双频，指的是电台（全台或某些频率）同时使用调频（FM）和中波（AM）两种波段对外播出。这种做法可以综合调频和中波各自的传播优势，从而延展节目的覆盖范围，城乡地区都可以兼顾。当然，是否采取双频覆盖，这取决于电台的财力和频率本身的传播定位。

一般而言，采用双频播出的电台频率，其两个波段的节目是一致的。比如，天津电台除了交通和小说两个频率外，其余 7 个频率都实行了双频制，且调频和中波共用一套节目。❶ 河北电台“新闻广播”同样实行双频覆盖的模式，且做到了省内的无缝覆盖，在京津地区也有较大的覆盖面积和良好的效果。但“新闻广播”的调频和中波播出的是两套完全不同的节目，调频台每天 24 小时全新闻节目播出，中波台每天 20. 5 小时的节目里有一半的时段是医药节目，即便是非医药节目时段的节目设置也与调频台不完全一致。❷ 从表 3-2 可以看出，河北电台“新闻广播”的中波节目做到了省内和京津地区全覆盖，比调频的覆盖面更广。

表 3-2　河北电台“新闻广播”各地收听频率❸

收听地区	FM 频率（MHz）	AM 频率（kHz）
邯　郸	97. 9	783
邢　台	—	1278
石家庄	104. 3	1278
衡　水	89. 4	1278
沧　州	—	1278
保　定	107. 5	1278
廊　坊	—	1278
张家口	105. 5	1278
承　德	105. 2	783

❶ 参见天津广播网。

❷ 参见河北新闻广播调频和中波两套不同的节目单：http://www.hebradio.com/xwgb/jmsjb/201301/t20130106_1085987.htm.

❸ 参见河北广播网。

续表

收听地区	FM 频率（MHz）	AM 频率（kHz）
唐　山	105.2	1278
秦皇岛	95.0	783
京　津	105.2	1278

中波（AM）广播是第一代广播技术，自 1920 年在美国出现以来，AM 广播一直是世界各国信息传播的主要技术手段之一。但是相对于调频（FM）而言，AM 广播的信号不稳定、声音质量差、抗干扰能力弱，所以在高楼林立的城市里接收信号困难。❶ 正因如此，越来越多的城市人群更习惯用调频来接收广播信息。与此同时，AM 广播又具有传输距离远，覆盖范围大的特点，它可以覆盖很多调频广播到不了的地方，所以在我国农村、远郊县等地区的听众则更容易收听到中波台的节目。这样看来，将调频台的医药节目逐步往中波台转移，正是合理利用了 AM 技术的优点。因为它的覆盖面积广，所以节目有望被省内更多的听众接收到。而且，中波广播的主力听众，即农村、远郊县、城中村等地区的听众，同时也是医药节目的主力收听人群和目标人群。这样的调整既让医药节目的收听去向更有广泛性和针对性，也使得调频台越来越“绿色”。

“它的（新闻广播）覆盖非常好，覆盖好的中波调频双频频道是最适合卖药的，因为它可以遍布城乡的每个角落。但是新闻又承担政治的任务，所以我们单分出一套调频在省会播新闻。这两套的节目有重合，也有区分，在几个点上可能都在播新闻，但到了某些点，调频还在播新闻，但中波已经在卖药了。”❷

新闻广播调频台是完全没有设置医药节目的，做到了纯绿色。这种全新闻的节目设置和频率样貌更多地是基于服务于政治宣传的“喉舌”功能，

❶ 陈炫威. AM 广播的数字化方案设计和试验数据分析[D]. 广州：中山大学，2004.

❷ 河北电台广告部门工作人员访谈内容。

是省级电台不得不为的硬性任务。但是，对于一个同样是自收自支体制下的自营为主的频率，没有医药节目，生存就无以为继。所以，中波台不可能再完全照搬调频台的纯新闻节目，而必须安置大量的医药节目，用来完成创收任务。河北电台“新闻广播”也才因此呈现出与众不同的双频双套节目的特殊安排。

（三）主流频率“卖药”的两难境地

笔者随机选取了北京、陕西、云南等12家电台，对其医药节目的规模进行统计，并绘成表3-3，可以直观表述各台新闻频率中医药节目所占据的分量。在这12家电台中，新闻频率对医药节目的占有率达50%以上的有3家；新闻频率占有率达25%以上的有8家。也就是说，有近7成的电台把自己1/4以上的医药节目都归拢在新闻频率。而这些电台的专业频率都有六七家，甚至更多。相较之下，新闻频率1/2或1/4的容量就显得更为巨大。如此看来，多数电台都不会将医药节目平均分散到各个频率，而是倾向于让新闻频率承担更多。

表3-3　12家电台新闻频率医药节目的规模占比❶

电台	新闻频率的医药节目时长（小时）	全台医药节目时长（小时）	新闻频率在全台的占比（%）
北京台	4.5	25.5	18
陕西台	13.5	56	24
云南台	6.5	14.5	45
广东台	11.3	29.5	38
河北台	8	23	35
山东台	6.3	28.3	22
江西台	11	21.5	51

❶　笔者根据各电台2012年的节目表和实际收听情况绘制此表。

续表

电台	新闻频率的医药节目时长（小时）	全台医药节目时长（小时）	新闻频率在全台的占比（%）
江苏台	12.5	41	30
黑龙江台	10	44.5	22
大连台	9	33.5	27
武汉台	8	9.5	84
昆明台	8.5	15.5	55

比如，淄博电台共设有新闻、经济、交通和音乐四个频率。2012 年，该电台广告收入是 5000 多万元。其中，医药节目收入占其中的 10%多一些（600 万元左右）。从绝对比例上看，该台并不依赖于医药节目搞创收，10%的比例在全国范围内都属于较低水平。但是，从电台内部看，医药节目在 4 个频率之间的分布是尤其失衡的。交通台和音乐台原本就对医药节目"绝缘"，加上经济频率开始向都市化、年轻化和有车族人群进行定位转移，无奈之下，收纳医药节目的"重任"就落在了新闻频率身上。新闻频率一年的广告收入 1200 万元左右，医药节目的收入占比约为一半。也就是说，新闻频率中 600 万元左右的广告收入是由医药节目创造的，而全台收入的 10%多一些恰好也是 600 万元左右。这说明，新闻频率几乎已成为该台医药节目唯一的进出窗口。

（四）主流频率"两难"境地的分析

1. 新闻频率收听率背后的经济效益

2011 年，CSM（央视—索福瑞媒介研究公司）对全国 33 家大中城市新闻综合频率的收听表现进行了调查。表 3-4 显示的是各城市受众收听新闻综合频率的时长占人均总收听时长的比重。可以看出，绝大部分城市新闻综合频率所占的比重都较大。33 个城市中，绍兴、成都、佛山等 7 个城市新闻综合频率的收听时长占到所有频率收听时长的40%以上；武汉、石家庄、上海等11个城市该比重占到了30%~40%；另外，有重庆、无锡、济南等11个城市该比重达到了20%~30%；天津、北京、广州、哈尔滨电台新闻综合频率的收听比重相对较低，在20%以下。总体而言，受众收听新闻综合频率的时长所占比重较大，反映出新闻综合频率在一个广播电台的发展历程中发挥着举足轻重的作用。

表3-4 2011年各城市新闻综合频率收听时长所占比重

城市	所有频率人均收听时长（分钟）	新闻综合频率人均收听时长（分钟）	新闻综合频率收听比重（%）
绍兴	96	44	45.83
成都	60	27	45.00
佛山	86	38	44.19
清远	44	19	43.18
常州	102	44	43.14
厦门	49	21	42.86
大连	98	40	40.82
武汉	51	20	39.22
石家庄	70	24	34.29
上海	76	26	34.21
南宁	54	18	33.33
长春	73	24	32.88
乌鲁木齐	98	32	32.65
福州	66	21	31.82
宁波	66	21	31.82
郑州	75	23	30.67
苏州	121	37	30.58
青岛	89	27	30.34

续表

城市	所有频率人均收听时长（分钟）	新闻综合频率人均收听时长（分钟）	新闻综合频率收听比重（%）
重庆	64	19	29.69
无锡	72	21	29.17
济南	104	29	27.88
南京	80	22	27.50
沈阳	113	30	26.55
深圳	57	15	26.32
合肥	82	21	25.61
杭州	102	24	23.53
长沙	43	10	23.26
太原	89	20	22.47
西安	112	24	21.43
天津	132	26	19.70
北京	88	16	18.18
广州	56	8	14.29
哈尔滨	154	21	13.64

资料来源：CSM 收听研究。

从收听表现的另一项指标听众规模看，根据 CSM 对新闻、交通、音乐、都市生活、经济、文艺、体育、对农和外语教育各大专业频率 2012 年听众累计到达率❶的比较，九大专业频率按到达听众规模大致分成三个等级：新闻、交通和音乐处于听众规模最大的第一集团，听众规模最大；都市生活、文艺和经济类广播的听众规模位居中游；而体育、对农广播和外语教育类广播的数量较少，听众规模较小，位居第三等级。与此同时，新闻综合频率又在听众最广泛的三大专业频率中独占鳌头。在 2012 年度，新闻综合频

❶ 到达率，指传播活动所传达的信息接收人群占所有传播对象的百分比。

率的累计到达听众规模而位居第一位。

2. 主流频率收听人群与医药节目的目标人群最为契合

研究表明，65 岁及以上、无业和离退休人士、初高中学历和个人月收入在 1501 元及以上的受众群是新闻综合类广播最集中的收听人群。这与此类人群有较多闲暇时间待在家里收听广播有很大的关系。❶ 医药节目在新闻频率较高的集中度并非出于其他各类型频率本能的排斥，而是基于这类节目在其他频率糟糕的收听表现和不利的市场反馈。❷ 此外，作为医药节目的目标听众，老年人群又对新闻频率持有较高的忠诚度，双方面的原因导致医药节目逐渐聚拢到新闻频率。

从收听时段上看，新闻综合类广播是清晨时段的“一枝独秀”，引领全天收听。早间 7：00 左右是全天收听的最高峰，收听率超过 6%。在晨间时段良好的收听情况与老年人群的生活作息规律是相适应的。这也解释了为何河北电台在晨间时段播出医药节目的频次是最密集的（见图 3-2）。显然，从4：00~7：00 的几个时段里，节目在老年人群中收听率、到达率和听众规模都得到了最优的表现。

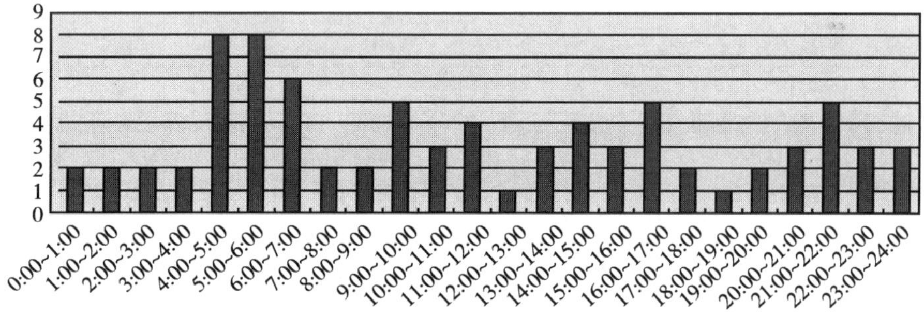

图 3-2　河北电台各时段医药节目数量（档）❸

---

❶ 解永利. 2012 年新闻综合频率收听状况分析[J]. CSM 收听研究,2013(1).

❷ 淄博电台广告部门工作人员访谈内容。该电台也曾尝试在经济频率、交通频率播出医药节目,但收到的播出效果,即广告商的销售效果不好,所以只能撤回到新闻频率播出。

❸ 笔者根据河北台各频率节目单及实际收听情况绘制。

(五) 主流频率创收压力与广告主选择

1. 主流频率是全台创收主力

基于良好的覆盖效果，河北电台新闻频率的广告创收问题一直都不是难事。2013 年，在河北电台 2.4 亿元的广告收入中，新闻频率占 1/4，大约 6000 万元，排名交通频率之前，列全台第一。在这 6000 万元中，仅有不足 1/3 是品牌广告，其余 70%以上是由中波台的医药节目创造的。看似 70%以上是一个很高的比例，但按时间线继续往前倒推可以发现，这已经是一个逐年下降的数字。因为在 2011 年之前，新闻频率调频台的品牌广告只有 100 多万元，整个频率的创收完全要依靠医药节目。相比规模较小的其他专业台，新闻频率广告创收直接关系到全台水平。所谓“船大难掉头”，新闻频率中的医药节目需要在更长一段时间内用品牌广告进行稀释。

因为医药节目创收在全台创收中的比重过大，新闻频率广告结构调整的难度很大。只能在品质安全的情况下先维护医药节目，再发展品牌广告，慢慢转，这需要比规模小的专业台花更多时间。

将医药节目创收的较大压力放在新闻频率身上，既有广播频率本身历史沿革的原因，也有新闻频率收听表现较好的原因，还有新闻频率收听人群与医药节目目标人群相契合的原因，是广告商投放广告最安全的一类频率。但是，如果电台一味地为了满足广告商的需求而出让新闻频率的节目资源，那么势必会有损听众对新闻频率的忠诚度。正如有的研究者所讨论的，目前的医药健康节目受制于“广告化严重，知识性差，服务性弱”“主要面向患者，忽视了健康人群的收听需要”“节目模式雷同，内容同质化”等原因，而面临较明显的市场压力，进入发展相对低迷阶段。❶ 作为各地电台“发源之处”的新闻频率，只能通过改变来减缓听众流失和节目品质下

---

❶ 陈叶红，赵海静. 人口老龄化——健康类传媒面临数万亿市场空间[J]. 数据广播，2012(2)：23-24.

降的风险。

2. 广告经营队伍实力存在差距，品牌广告增量有限

电台在2013—2014年逐步铺开实行广告代理制之后，新闻频率中波台的医药节目分别由两家广告公司打包代理。在调频台的品牌广告中，汽车、房地产等三四个行业是在整体上被行业代理出去的，其余行业则为频率自营。这就是新闻频率所实行的“自营+行业代理+专题打包”的多元创收结构。2014年，新闻频率的创收任务是6800多万元。其中，中波的医药节目整体打包占到5000万元，调频台的品牌广告占1800万元。尽管品牌广告的规模比2011年之前翻了十几倍，但新闻广播的广告经营人员却一直没有增加，整个频率有150多人，广告部只有四五个人。从转型的角度说，在150个人当中只有四五个人专门负责广告经营是不够。比如，浙江台新闻频率的人数与河北台新闻频率的人数大致相当，但浙江台新闻频率有30~40人专门做广告业务。

之所以寥寥几位员工就可以完成1800万元的品牌广告，一方面是因为行业代理减轻了频率的负担；另一方面是因为新闻频率在传统上与通信业、酒品企业、大型药企等“VIP客户”保持着稳固的合作关系，且这些企业本身不接受广告公司的代理。同时，新闻频率在大户之外再对接一些小户，就能维持品牌广告平稳的创收。但是，用极少数人力资源去自营品牌广告这种状态存在的前提，是品牌在总体中占有的比例仍远远小于医药节目。在电台广告结构升级逐渐演进的过程中，品牌广告份额的增加势必会引发人员结构的调整。

由上可见，2013年开始在全台逐步铺开的广告代理制初步促成了广告结构的调整，从医药节目的一元化向“医药+品牌”的二元模式升级，而且这种升级还有业务额较大增长的保障。电台内部认为，这是一条具备可行性的成功的路径。但是，广告代理制也存在一种潜在风险，即在初始阶段，代理公司为了最大限度占有电台资源，有可能会抱着“跑马圈地”的心态，超预算地参与广告竞标。这样，代理公司就会面临亏损的风险，或者存在

广告上单量不足以支撑所有代理时长的现象，也就是所谓“广告泡沫”。但是，代理公司与电台合作的前提是双赢互利，而不是前者对后者的无偿服务，所以如果长时期亏损，代理公司甚至会铤而走险去弥补开支和回收利润。

第四节　从法律规制上规范医药节目对健康广播的影响

20 世纪 90 年代以来，国家陆续出台了多部针对医药广告的法律、法规和规范性文件。这些文件依据《广告法》而生，同时又更加具有针对性。医药节目也属于这些法律规制管理的范畴。本节重点在梳理医药广告相关法律法规的基础上，结合医药节目中的具体做法和行为，去辨析其合法性。

一、广播电视医药广告的法规梳理

（一）政策出台方

据笔者统计，1994—2011 年，国家共出台与医药广告有关的法律、行政法规、规范性文件等 43 件。其中，法律文件 2 件（全国人大颁布），行政法规文件 2 件（国务院颁布），行政规章及规范性文件 39 件。39 件行政规章及规范性文件的出台者、解释方涉及的党政职能部门 10 余家。[1]

也就是说，从最高国家权力机关到最高国家行政机关，再到国家具体职能部门这三个层面，均出台了与医药流通，尤其是医药广告传播相关的政策性文件。这意味着，医药广告传播不仅受到法律约束，还在广告内容、

[1] 国家工商行政管理总局、国家食品药品监督管理局、国家中医药管理局、国家中医药管理局、卫生部、国家广播电影电视总局、中央宣传部、国务院新闻办公室、新闻出版署、公安部、中国人民解放军总后勤部等。

形式、传播人员、传播途径等若干方面受到不同的法律、规范。

（二）政策出台对象

虽然我们将研究对象统称为医药广告，但就职能部门的管辖和政策出台范围而言，医就是医，药就是药。具体看来，国家所出台的政策文件一般具有明确的针对性，即具体针对药品广告、医疗广告、保健食品广告三类广告进行监督管理。从表 3-5 看出，工商、药监、卫生部门在各自职能范围内，都出台了指向明确的政策规范。其中，药品广告和医疗广告是管理重点，保健食品广告的管理力度相对较弱。从中可以看到，广电、宣传等文化和信息传播管理部门也出台了若干规范性文件，通常将医、药、保健食品三类合并，进行同力度、同要求的管理。

表 3-5　医药广告管理政策文件分类

政策指向	核心内容	直接相关的政策文件	政策出台部门
药品广告	药品（处方药、非处方药、中药、保健药品）流通、广告发布的标准和审查办法等	约 13 部（含法律文件 1 件、行政法规 1 件）	国家工商行政管理总局、国家食品药品监督管理局为主
医疗广告	医疗（服务、医疗器械）广告的发布和审查标准、管理办法等	约 13 部（含行政法规 1 件）	国家工商行政管理总局、卫生部、国家食品药品监督管理局、国家中医药管理局为主
保健食品广告	保健食品广告的发布要求、监管措施等	约 2 部	国家工商行政管理总局、卫生部为主
三类广告混合	对三类广告均有约束力的管理办法和规范等	约 10 部	国家工商行政管理总局、国家广播电影电视总局、中宣部、国务院新闻办公室等为主

（三）对广播电视广告播出量的限制

1997 年，广播电影电视部下发《关于进一步加强广播电视广告宣传管理的通知》，首次明确了广播电台、电视台播放广告的比例。“每套节目播放广播电视广告的比例，不得超过该套节目每天播出总量的 15%，[1] 18：00～22：00 不得超过该时间段节目总量的 12%。”[2] 在 2004 年 1 月 1 日正式实施的《广播电视广告播放管理暂行办法》中，将广告的日播占比扩大到 20%，[3] 并将电台与电视台区分开来，提出：“广播电台在 11：00～13：00、电视台在 19：00～21：00 之间，其每套节目中每小时的广告播出总量不得超过节目播出总量的 15%，即 9 分钟。”[4] 这实际上比 1997 年规定的 12%（7 分钟）多了 2 分钟的广告容量。2010 年 1 月 1 日《广播电视广告播出管理办法》（第 61 号令）正式实施，上述《暂行办法》同时废止。61 号令作出规定：“播出机构每套节目每小时商业广告播出时长不得超过 12 分钟。其中，广播电台在 11：00～13：00 之间、电视台在 19：00～21：00 之间，商业广告播出总时长不得超过 18 分钟。”[5] 该条款对广告容量的要求与 2004 年的规定是等价的，但是条款表述不再使用百分率，而采用具体分钟数，更加明确和清晰。

较之以往，2004 年管理部门对广告体量略有放开，但这个体量没有再次扩大，而是延续到新近出台的举措中。在广播电视市场化水平日渐抬升的条件下，这样的规模延续实则是一种“收紧”。尽管如此，我们却没能在上述文件中发现对“商业广告”概念、内容及形式的界定。这也在一定程度上给播出机构以融通和“打擦边球”的余地。比如，广播电台中流行的医药节目，它不同于一般意义上用秒来计算的广告，而是占用一整段节目

[1] 经计算，该 15%意味着每套节目中每小时的广告时长为 9 分钟。

[2] 见《关于进一步加强广播电视广告宣传管理的通知》第八条。

[3] 经计算，该 20%意味着每套节目中每小时的广告时长为 12 分钟。

[4] 见《广播电视广告播放管理暂行办法》第十七条。

[5] 见《广播电视广告播出管理办法》第三章第十五条。

资源，用节目当“面具”并将广告内容合理化。很明显，这些约束条款不适用于这类特殊广告。

二、辨析广播医药节目的合法性

（一）是否做到“不得欺骗和误导消费者”

1993年，《关于医疗广告管理办法》首次提出：医疗广告“不得以任何形式欺骗或误导公众”。（第三条）

2001年，国家工商局开展了以医药广告为主要对象之一的“反误导打虚假”广告市场治理专项行动，打击虚假和误导公众的医药广告。

2004年施行的《广播电视广告播放管理暂行办法》规定：“广播电视广告应当真实合法，不得含有虚假内容，不得误导消费者。”（第四条）此外，还有多部规范性文件都将不得欺骗和误导公众列为医药广告审查、管理的重要原则。那么，欺骗和误导的行为该如何认定呢？

1995年出台的《医疗器械广告审查标准》《药品广告审查标准》，2006年出台的《医疗广告管理办法》，2007年出台的新版《药品广告审查发布标准》，以及2009年出台的新版《医疗器械广告审查发布标准》等文件都明确规定了医药广告中禁止出现的内容。具体看来，这些禁止内容大都带有欺骗和误导公众的性质：（1）使用绝对化语言、断言及保证；（2）宣传治愈率、有效率等诊疗效果；（3）使用“××博士”“××专家”等非医学专业技术职称；（4）利用患者、卫生技术人员、医学教育科研机构及人员等个人或组织的名义、形象作证明等。

从笔者的统计结果看，这几点规定并未在医药节目中得到严格地执行。其一，在76.7%的节目中，主讲人都对听众做出了“根治”“药到病除”“治愈”等保证，强调所代言的药品、保健品可以将各种久治不愈的慢性疾病彻底根除。其二，43.3%的节目对主讲人的介绍是“中医药专家”或

“某类疾病（如肝病、骨科）专家”，其他 56.7%的节目未对主讲人身份进行说明，只称呼其为“主任”“老师”“博士”等。其三，尽管 85%的节目未利用治愈率、有效率进行宣传，但仍有 15%的节目在使用相关数字渲染药品效果。其四，利用卫生技术人员、医学教育科研机构及人员的名义、形象在广播中卖药的现象不多见，但利用患者的名义做证明的情况却是近乎 100%地存在广播卖药节目中。一方面，听众在热线问诊环节的讲述是一种证明；另一方面，有的节目事先录好患者被治愈的故事，在节目开头、中间、结尾处播放，这是另一种形式的证明。比如，邯郸电台某期节目❶开头是三位实名听众（前两位都患有多种慢性病，第三位患有白血病）的自身经历讲述，不遗余力甚至泣不成声地感谢主讲人给了他们“第二次生命”。

（二）涉性广告专题空间趋于狭小

1995 年《医疗器械广告审查标准》（以下简称《标准》）明确说明：治疗艾滋病，改善和治疗性功能障碍的医疗器械不得发布广告。

1995 年《药品广告审查标准》明确禁止治疗肿瘤、艾滋病，改善和治疗性功能障碍的药品，以及计划生育用药等不得发布广告。（第二条）此外，该《标准》还首次提出：“药品广告中不得声称或者暗示服用该药能应付现代紧张生活需要，标明或者暗示能增强性功能。”

2000 年 10 月 31 日，国家工商局、卫生部联合下发首份专门针对保健食品的规范性文件《关于加强保健食品广告监督管理的通知》，提到“保健食品广告中禁止宣传改善和增强性功能的作用。”（第一条）

上述三项要求意味着，在 20 世纪的最后十年中，医疗、药品、保健食品三类广告中的涉性内容都在政策层面受到了限制和禁止。2007—2009 年，工商、卫生部门出台两项更新《标准》，对涉性广告作出了一些宽松的调

❶ 邯郸新闻综合广播，5:20-6:20，2012 年 12 月 9 日。

整，虽然都提出了相应的准入条件，但却打开了原本紧闭的大门。

2007年新版《药品广告审查发布标准》更改了1995年版本中的相关提法，指出："药品广告中涉及改善和增强性功能内容的，必须与经批准的药品说明书中的适应症或者功能主治完全一致。"这意味着改善和增强性功能的药品不再被列入广告黑名单，该类药品可以进行广告传播。

2007年发布的《医疗广告管理办法》中没有提到涉性广告的相关处理意见。

2009年5月20日施行的新版《医疗器械广告审查发布标准》也更改了1995年旧版的说法，不再限制涉性医疗器械广告，新说法是："医疗器械广告中涉及改善和增强性功能内容的，必须与经批准的医疗器械注册证明文件中的适用范围完全一致，不得出现表现性器官的内容。"这条要求与新版药品广告标准是一致的。但是，广电部门新近出台的规定却丝毫没有放松对涉性广告的管制。

2010年《广电总局关于进一步加强广播电视广告审查和监管工作的通知》指出，"坚决禁止涉性广告。各级广播电视播出机构要加强广告内容的审检工作，确保导向正确，坚决抵制并自行清理宣传壮阳、提高性功能的医疗、药品、保健品、医疗器械等不良广告。"（第一条）

2010年正式生效的国家广电总局第61号令明文指出：禁止播出"治疗恶性肿瘤、肝病、性病或者提高性功能的药品、食品、医疗器械、医疗广告。"（第二章第九条）

2011年10月11日国家广电总局下发的《关于进一步加强广播电视广告播出管理的通知》指出："要严格把握健康资讯广告的内容导向和格调，坚决禁止播出涉性广告。"（第五条）

根据笔者在北京地区的收听体验，仅在顺义电台听到过售卖性保健品的医药节目。应该说，涉性广告目前已不是医药节目中的主流，占比较小。在广电主管部门长期严控严打的政策环境下，广播涉性医药广告的立足空间已非常狭小。

（三）“不得以健康专题节目形式变相发布广告”的规范标准

2007 年《医疗广告管理办法》明确提出：“禁止利用新闻形式、医疗资讯服务类专题节（栏）目发布或变相发布医疗广告。”（第十六条）

2011 年 10 月 11 日国家广电总局下发《关于进一步加强广播电视广告播出管理的通知》，要求：“要规范健康资讯广告形式，不得以健康资讯专题节目形式变相发布广告。健康资讯专题节目应当侧重介绍疾病预防、控制和治疗等科学知识，不得含有宣传医疗、药品、医疗器械、保健食品等广告内容，不得以患者和医生、药师、专家等名义做证明。”

尽管卫生、工商和广电部门都明确提出：“不得以健康专题节目形式变相发布广告”，但问题在于，没有对相关要求进行界定，如所谓“广告内容”指的是什么？节目含有多少科学知识才算是“侧重于介绍”？由于只有要求而没有细则，使得“变相发布”成了一个空泛的概念，无法判断哪些说法、做法是“变相”的。应该说，“不得用专题形式变相发布广告”的规定并不能减少或影响医药节目的绝对数量，但由于内容标准的缺乏，所以它很难在实质上改变医药节目的播出模式和内容。

（四）变相医疗机构广告规模“度”的把握

1993 年国家工商和卫生两部门联合下发的《关于医疗广告管理办法》提出，“医疗广告内容仅限于医疗机构名称、诊疗地点、从业医师姓名、技术职称、服务商标、诊疗时间、诊疗科目、诊疗方法和通信方式。”（第五条）

2001 年《关于进一步加强对大众传播媒介广告宣传管理的通知》提出，“不得以普及科学知识、专家咨询宣传等名义，介绍、推销药品、保健食品，以及推荐医生、医疗机构。”（第七条）2001 年《国家工商行政管理局卫生部关于进一步加强医疗广告管理的通知》规定，“医疗机构内部科室不得单独以科室或以专科门诊等名义发布广告。”（第一条）

2006年国家广电总局和国家工商总局联合下发的《关于整顿广播电视医疗资讯服务和电视购物节目内容的通知》指出，“以医生、药师、专家等专业人士作为特约嘉宾进行健康讲座的，……不得播出专家或医生与患者或家属现场或热线沟通、交流的内容。此类节目可以介绍特约嘉宾的身份、技术职称及其所在医疗机构的名称，除广播电视播出机构设立的听（观）众咨询电话外，不得出现被介绍医疗机构的地址和联系方式。”（第一条）

2007年发布的新版《药品广告审查发布标准》提出，“药品广告不得含有医疗机构的名称、地址、联系办法、诊疗项目、诊疗方法，以及有关义诊、医疗（热线）咨询、开设特约门诊等医疗服务的内容。”（第十六条）2009年发布的新版《医疗器械广告审查发布标准》也提出了类似的要求。（第十四条）

与规模巨大的药品、保健品广告专题相比，医疗机构广告的绝对播出量明显小很多，处于一个很低的水平。笔者从河北电台随机抽取了60期医药节目，发现只有3期是医疗机构广告。但从播出内容看，这几期医疗机构广告专题都提供了机构名称、地址、联系电话，也都有明确的诊疗项目，有的也强调了自己的诊疗方法更为独特。所以，现行播出的医疗机构广告在内容上是不符合上述规定要求的。地址、电话、机构名称等信息都使这些医疗机构专题成为一种“变相广告”。

尽管医疗机构广告专题在性质上都属于变相广告，但据笔者观察，医疗机构广告专题的营销特征却是强弱不一的。比如，山东台某期医药节目的主讲人以讲解疾病知识为主，热线问诊时结合不同人的病情给出大致判断，不夸大、不重复地播报电话地址，也不断言根治，但会建议病患者到所在医疗机构进一步诊疗。类似这样的节目，广告营销的特征弱一些，听众可以接收一定的健康知识和疾病原因等。但有的医疗机构广告也会像“卖药广告”一样通过重复、断言、保证等说服技巧，夸大和强推某种诊疗方式，吸引听众尝试，听众因此很难从中了解有关的疾病和健康知识。

第四章　中国健康广播发展的前瞻性思考

健康因其自身所具有的深刻的内在价值而应该成为评估社会发展的一个重要维度。健康的生活本身就是好的生活，是人们普遍认为有价值去追求并实现的最终目标之一。广播是社会公众尤其是中老年人群接触健康知识、获取健康服务、提高健康素养的重要渠道，应当从媒体责任的角度出发承担服务公众身心健康的义务。现有的健康广播节目在形式和内容上都仍有改进的空间，健康广播也应当在新媒体环境下积极寻求突破和创新的机遇，从而以更丰富的业务形态满足受众的多元需求。本章将重点就健康广播公共属性的坚持、健康广播传播者能力建设、新媒体环境下健康广播的发展空间等方面展开分析和讨论。

第一节　健康广播的生命关注内涵

一、以人为本

健康传播是以“人人健康”为出发点，为维护和促进人类健康而制作、传递、分散、交流和分享健康信息的过程。健康传播理论与实践的发展对于提升国民健康素质、促进经济社会发展、构建和谐社会都具有重大意义。健康传播关注的主体是人，而人的价值和生命的尊严是高于一切的。因此，在健康传播的全过程中，必须贯穿“以人为本”的主线，维护大多数人的尊严和权利，体现人文精神的核心价值。

自2012年中国共产党召开第十八次全国代表大会以来，“中国梦”成为党和国家的重要指导思想和重要执政理念。“中国梦归根到底是人民的梦，人民幸福是中国梦的核心内容，也是中国共产党人的价值追求。”❶“中国梦”对人民幸福的注解之一就是让人民享有更好的教育、更稳定的工作、更满意的收入、更可靠的社会保障、更高水平的医疗卫生服务、更舒适的居住条件、更优美的环境，等等。党的十八大报告提出的建设中国特色社会主义的八个基本要求中，第一个就是必须坚持人民主体地位，更好地保障人民权益，更好地保证人民当家作主。近年来，国家高度重视养老、教育、医疗等民生问题，体现了国家对人民主体地位和切身利益的高度关切。

2012年8月17日，卫生部发布了《“健康中国2020”战略研究报告》。“健康中国2020”战略研究构建了一个体现科学发展观的卫生发展综合目标体系，将总体目标分解为以下可操作、可测量的10个具体目标。❷

（1）国家主要健康指标进一步改善，到2020年，人均预期寿命达到77岁，5岁以下儿童死亡率下降到13‰，孕产妇死亡率降低到13‰，缩小地区间健康状况的差距。

（2）完善卫生服务体系，提高卫生服务可及性和公平性。

（3）健全医疗保障制度，减少居民疾病经济风险。

（4）控制危险因素，遏止、扭转和减少慢性病的蔓延和健康危害。

（5）强化传染病和地方病防控，降低感染性疾病危害。

（6）加强监测与监管，保障食品药品安全。

（7）依靠科技进步，适应医学模式的转变，实现重点前移、转化整合战略。

---

❶ 中共中央对外联络部研究室. 中共十八大：中国梦与世界［M］. 北京：外文出版社，2013.

❷ 中华人民共和国卫生部.“健康中国2020”战略研究报告解读［J］. 中老年保健，2012（06）.

(8) 继承创新中医药，发挥中医药等传统医学在保障国民健康中的作用。

(9) 发展健康产业，满足多层次、多样化卫生服务需求。

(10) 履行政府职责，加大健康投入，到2020年，卫生总费用占GDP的比重达到6.5%~7%，❶ 保障“健康中国2020”战略目标实现。

在2014年全国“两会”李克强总理的《政府工作报告》中，也体现出对食品药品安全、医疗、环境等健康相关议题的关注。该报告提出“加强食品药品安全监管”“坚决保障舌尖上的安全”“理顺医药价格，巩固全民基本医保”“出重拳强化污染防治”等关键词，表达出政府捍卫民众基本健康权益的决心。

二、公共服务

随着媒介市场化改革的不断推进，我国广播电视当中的商业化倾向逐渐显现，公共服务性节目的生存空间受到挤压。因此，学者们对“广播电视公共服务”进行了反思和批判。“广播电视公共服务”作为一个专有概念，于2004年10月由国家广电总局首次提出，国外一般采用“public service broadcasting”即“公共服务广播”，加之一般来讲西方国家公共广播电视和商业广播电视有明显的分野，因此不采用“广播电视公共服务”这一概念。可以说，它适用于中国当前“二元体制”下的广播电视体系，具有鲜明的中国特色。

杨明品、李江玲提出，“实行广播电视的公共服务职能，是为了满足公众的公共需要。保障公众的文化权利是它的根本目的，满足公众的文化需求是它的直接目的，公共服务的职能由传输覆盖体系传播到千家万户。”❷ 袁正领等人提出，广播电视公共服务是为公众服务的，所有公民应享有均

---

❶ 《“健康中国2020”战略研究报告》显示，美国的卫生总费用占GDP的比重约为15.2%。该《报告》还称，政府争取在2015年将医疗总费用的GDP占比提升至5.5%。

❷ 杨明品，李江玲．中国广播电视公共服务理论几个基本命题探析[J]．中国广播电视学刊，2011(1)．

等的服务。[1] 石长顺等人认为，广播电视公共服务以满足公众需求和知情权为宗旨，强调公益性的内容传播，着眼于社会效益和为公众服务，区别于商业性的利润至上和消费为王的传播理念。[2]

国内学者大都将广播电视作为一体，讨论其公共服务职能的内涵和内容要求，也有部分学者专门就广播的公共服务功能进行了研究。曹璐认为，服务性强是广播的传播优势之一，广播媒介对公共服务性信息的重视是广播人社会责任的表现，使广播不仅是贴身媒介也成为贴心媒介。[3] 张彩在研究老年广播问题时，介绍了美国和日本公共广播的发展轨迹，并以具体节目为案例分析了国外广播业公共服务性节目的内容和收听情况。[4]

健康权是公民的基本权利之一。对于健康信息的传播、对公众健康需求的满足，是广播公共服务及其产品的重要组成部分。健康广播的核心要义是要在保障公民健康权益、满足公众健康所需、提供有效健康服务等方面有所作为。

第二节　广播公共属性的坚持与拓展

从广播角度而言，公共服务是健康广播内在的核心价值，应当以满足人民群众基本健康需求、保障人民群众基本健康权益、提高国民的健康素质为目标，向公众提供健康信息服务、知识普及、健康教育等内容，并发挥声音资源的优势，创新健康传播的方式和手段，从而在内容和形式上体现广播公共服务的价值。

[1] 袁正领，魏蕾. 对广播电视公共服务几个基本问题的思考[M]. 现代传播，2009(1).
[2] 石长顺，程洪涛. 中国广播电视公共服务体系建构[J]. 河南社会科学，2010，18(5)：195.
[3] 曹璐. 广播新闻理念与实务创新研究[M]. 北京：中国广播电视出版社，2007：7.
[4] 张彩. 老龄化社会与老年广播[M]. 北京：中国传媒大学出版社，2007.

一、健康广播的现存问题

（一）同质化

从现有健康广播节目的组织形式看，主要分为主持人播讲、专家医生电台坐诊、电话导医等几种，缺少创新和亮点。节目内容上多以具体疾病的原理、诊疗、用药有关，很少有节目专门针对饮食、环境、运动、心理等具有更广泛意义的健康话题进行知识普及。

（二）传播内容缺少把关

传播内容与传播者的健康素养和传播能力密切相关。目前，健康广播节目中的传播者分三种情况：一是医院专家等专业人员；二是专家型主持人；三是播报型主持人。后者的健康信息来源及准确性缺少把关，所以播报型健康节目在内容上容易出现谬误。“我们媒体现在在传播真理的同时也在传播谬误，就是因为我们不是专业的。在没有专业知识基础的情况下，简单地相信其他媒体上的东西，你也会成为以讹传讹的角色，这是最要命的。”❶ 健康节目与新闻信息类节目最大的不同是其专业性，又因其直接关乎公众健康，所以不容有误。内容来源的准确性、传播者的专业性和把关渠道的畅通，这几点在目前的健康广播节目中仍显不足。

（三）广播听觉文本优势未能充分开发

目前，电台自办的健康节目多采取一对众或双（主持人）对众的组织形式，极少见到带有策划意识、接触听众生活实际、灵活使用现场音响的节目。一对众或双对众的优点是可以更集中地将健康知识传递给听众，在

❶ 北京电台《健康喜来乐》节目主持人李戈访谈内容。

有限时间内做到信息量最大化。但其缺点是，由于健康议题相对专业和枯燥，节目容易有填鸭感、灌输感，知识和信息也会因此变得冗余。

（四）广播健康教育长效意识不强

寻医问诊或导医服务是电台自办节目热衷的兴趣点，即请医药专家做客直播间，讲解具体疾病或引导实地就医。节目希望立竿见影地为听众“排忧解病”，听众也可以免去就医之苦，从节目里收集到实用的信息。节目和听众之间的供需对应关系很明确。但是，国内广播中对健康生活方式、控烟、运动、心理健康等长效议题的关注偏少。尽管这类议题不容易“出彩”，但公众健康素养的提高却有赖于此，广播也应当承担相应的健康引导和教育功能。

二、健康广播公共服务的提升与定位

（一）确立生命呵护意识 关心民众身心健康

1. 拓展节目主题和内容

王宇等人提出，目前我国健康广播节目中的“去病化”特征明显[1]，即大都针对疾病的原理和诊疗展开，节目内容对患病听众有针对性，但难以顾及其他健康听众的实际需求。因此，健康广播有必要在广义的层面上拓展主题，将健身运动、饮食健康、医学科技等相关内容吸纳进来，满足更广泛的接收人群的健康需要。

在健康传播这个议题上，广播媒体需要不断强调向服务属性回归的意义。我国居民整体上的健康素养不高，尤其在涉及戒烟、疫苗注射、肥胖、心理健康等跟传统观念中的“病”不直接相关的问题时，缺乏视听兴趣。

[1] 王宇. 广播健康频率的发展价值、问题及空间[J]. 中国广播电视学刊,2011(6).

但对于从事健康传播的媒体而言，培养公众的意识、转变其健康观念，是一种责任和义务。“长效性话题，有的听众不一定爱听，但这些话题必须讲。比如，5 年前我做控油控盐，那时候我们对油和盐的概念不明确。我们在唠叨，报纸、电视也都在唠叨，到现在，控油控盐是常识了。政府开始控油控盐，其实就是 5 年的时间。这个话题的效果不是立竿见影的，但必须要做。这种东西，没有效果也要做。”❶

2. 创新节目形态和样式

在现有的知识宣讲、导医服务等节目形态的基础上，充分发挥听觉文本的优势，创新健康节目的形态和样式。比如，重视声音符号的运用，增强节目的立体感和编排感；开拓听众参与的手段和方式；强调多元声音的表达以及寓教于乐等，创新研发突出广播特色的节目形态。

3. 注重对公众健康生活态度和行为的塑造

公众健康生活态度和行为的养成与塑造需要一个较长的周期，个人的健康素养和社会健康环境对此都有影响。健康广播对生命的呵护不仅应关注听众身体的健康和无病化，也应当着眼长远，服务于公众健康素养的提高和健康观念的养成。例如，中小学生体质状况、健康生活方式、家居卫生与健康、儿童营养与肥胖等长效性议题，可以在潜移默化中塑造听众健康生活的态度和行为，对国民素质的提高产生长远影响。即时服务和长效教育相结合，可以丰富广播健康传播的层面，也是广播公共服务、公共教育功能和媒介责任的融合体现。

（二）线上广播与线下服务并行

一般而言，健康广播节目都是公益服务性质的，这些节目除了通过线上广播服务听众之外，还会走入社区、街道等开展线下活动，进一步为听

❶ 北京电台《百姓健康大讲堂》节目主持人安杨访谈内容。

众提供帮助和健康支持。这种线上广播与线下服务相结合的做法，不仅是广播公共服务性的体现，也有益于节目品牌和广播公信力的塑造。

居民社区是健康知识传播、健康教育、促进公众形成良好健康态度和健康行为的重要场所。近几年，我国开始重视健康传播在社区范围内的推进。2005年，卫生部出台的《全国健康教育与健康促进工作规划纲要（2005—2010年）》指出："围绕重大卫生问题，针对重点场所、重点人群，倡导健康的公共政策和支持性环境，以社区为基础，开展多种形式的健康教育与健康促进活动，普及健康知识，增强人们的健康意识和自我保健能力，促进全民健康素质提高。"2009年，"新一轮医改"的指导性文件《中共中央国务院关于深化医药卫生体制改革的意见》中也指出："完善以社区卫生服务为基础的新型城市医疗卫生服务体系，加快建设以社区卫生服务中心为主体的城市社区卫生服务网络，完善服务功能，以维护社区居民健康为中心，提供疾病预防控制等公共卫生服务、一般常见病及多发病的初级诊疗服务、慢性病管理和康复服务。"

2009年卫生部首次出台《国家基本公共卫生服务规范》（以下简称《规范》），2011年再次推出修订版本。这两个版本的《规范》都对健康教育作出了细致的要求。2011版《规范》中提出，健康教育服务的形式应包括提供健康教育资料、设置健康教育宣传栏、开展公众健康咨询活动、开展公众健康咨询活动、举办健康知识讲座、开展个体化健康教育等几种。目前，广播健康节目的线下活动更强调或等同于开展公众健康咨询活动。比如，河北电台"生活广播"《燕赵名医堂》节目每年3月份会围绕爱耳日、爱肝日、世界睡眠日等健康日在社区开展多场特别活动，将线上的知识讲述与线下免费诊疗相结合，为公众提供实实在在的服务。

此外，广播健康节目的线下活动还可以进一步拓展思路，与社区卫生服务相结合。比如，在健康教育服务成熟的社区借助其卫生资源，发挥媒体号召力强的优势，组织公众的参与和互动，一方面可以增强公众对社区健康服务的认知、监督和利用，另一方面还可以丰富广播节目的服务面向。

而在健康教育服务尚不成熟的社区，广播节目则可以与之配合，可以共建宣传栏，开展咨询活动等，吸引社会和公众对该社区的关注，从而督促和帮助其健康教育服务能力的提高。

三、“他山之石”的启示——提升健康广播的人本内涵

（一）强调公共服务定位——英国BBC健康广播

Health & Wellbeing（健康与康乐）是英国BBC网络广播节目中的一个类型（genre），旨在为听众提供健康信息服务。面对不同的服务和传播对象，其议题的选择传递出明显的贴近性和对象性，选题策划意识突出；在传播形式上调动了广播声音资源的现场感和传播动感，说教色彩较弱。Health & Wellbeing的节目以录音专题为主要形式，针对人们身体和心理健康相关的话题进行深度报道。周末则固定设有“诊疗室时间”栏目，由主持人与一名全科医生对话交流，为听众提供医疗知识和服务。总体来看，节目所涉及的话题多为长效性议题，如运动员退役后的保健、青少年的肌肉发育等。从这一角度而言，Health & Wellbeing的对内节目更带有健康理念和信息普及的意味，是一种潜移默化的信息宣导。一期节目约30分钟左右，可以在线收听直播或录播。录播节目一般提供一周的收听时限，到期后将被更新，以确保节目的时效性。

在BBC的对外广播World Service中也有以健康为议题的类型广播Health & Wellbeing，主要节目是18分钟专题Health Check（健康检查），通常以发生在世界各地的新闻为由头，介绍与此相关的疾病原理、预防和治疗等问题。比如，某期节目从7名秘鲁儿童近期死于狂犬病一事说起，介绍了什么是狂犬病，有哪些症状，其在世界范围内呈现什么趋势和状况，以及专家对控制狂犬病的看法和建议等。由于World Service是对外广播服务，尤其是以亚洲、拉丁美洲和非洲的发展中国家为目标对象，所以这些节目

会经常涉及糖尿病、狂犬病、HIV、婴幼儿死亡等内容，有较强的教育功能和话题针对性。在线环节提供了近200期节目音频供听众点播和下载，为了方便非母语国家听众收听或学习，节目的文字内容和延伸链接一并可在线查阅。

（二）对特殊群体的生命呵护——日本NHK《广播深夜便》

NHK（日本放送协会）面对日本人口老龄化的社会现实，从公共广播社会责任“对少数群体的特殊关照”出发，于1989年开播了针对日本老年群体的《广播深夜便》节目。它是日本第一个认真考虑老年人与广播关系的节目，已成为日本老年听众的心灵寄托。“24小时安心的广播”是NHK的广播频率宣传语。“安心”也是《广播深夜便》的突出理念和主旨。该节目力求使老年听众在收听过程中感受到心灵抚慰和呵护，从而获得精神的舒缓、放松与慰籍。在话题选择上，节目力求做到贴近、实用，节目内容多与老年人的健康、护理、自强自立、人生感悟等有关。另外，《广播深夜便》的主持人体现了“同代人”的个性主持风采。14名节目主持人均是NHK退休的元老级主持人，平均年龄63岁。他们的主持风格成熟、语言规范，富有信赖感和亲切感，能充分理解老年听众的所思所想。❶

当前我国已经进入“未富先老”的人口老龄化社会。空巢老人、留守老人已成为亟待关注的弱势群体。我国广播服务中虽然有不少面向老年群体的专业化频率、老年广播节目等，但其传播内容大都与诊病保健有关，很少有节目是从老年人心理健康的角度为其提供健康服务的。因此，我国健康广播应该基于媒介对老年群体的特殊关怀，在广播服务中为老年听众提供必要的心理呵护和心理疏导。

❶ 张彩，曹璐. 从公共服务理念看NHK的老年广播——NHK“广播深夜便”节目理念与形态解读[J]. 中国记者，2011(8)：116-117.

（三）内容专业，服务多元——澳大利亚 ABC 的健康广播

澳大利亚 ABC 广播公司的“新闻广播”（News Radio）中有《健康时间》（Health Minutes）一档健康栏目；“全国广播”（Radio National）中有《健康报道》（The Health Report）和《关于心理》（All in the Mind）两档健康栏目，重点分别是健康新闻报道和心理健康服务。笔者随机抽取了《健康报道》（The Health Report）3 天的播出内容❶，发现它有以下三个特点：一是报道针对人群的多样性，包括年轻女性、孕期妇女、具体疾病的患者、一般公众等；二是报道涉及广义上的健康议题，包括疾病诊疗、健康消费、政府卫生决策、健康理念、健康信息管理等。三是报道由专业医生播报❷，而非一般记者，保障了传播内容的专业性与准确性。

表 4-1　澳大利亚 ABC 广播公司的《健康报道》节目内容

日期	报道内容
2014 年 5 月 12 日	健康消费中的性别差异
	年轻女性的心脏病发作
	病人的健康管理决策
	政府健康计划
2014 年 5 月 26 日	物理治疗髋关节骨关节炎
	慢性心脏病和综合慢性疾病的治疗方案
2014 年 6 月 2 日	孕期吸烟与维他命 C 的补充
	澳大利亚健康服务的变化
	癌症可以预防吗

我国广播媒体中的健康报道大都分散在一般的新闻节目中，且以卫生政策报道、环境报道、疾控报道为主，较少有电台推出专门的健康新闻节

❶ http://www.abc.net.au/radionational/programs/healthreport/.

❷ 比如“物理治疗髋关节骨关节炎”这条健康报道，由 Dr. Norman Swan 播报。

目。澳大利亚ABC广播公司的做法给我们提供了创新健康广播内容和形式的思路。

尽管面对传播环境和媒介性质上有不同，但对国外健康节目、健康报道的介绍和了解，对我国健康广播的改进和创新是有借鉴价值的。

第三节　国外商业言论监管的启示

商业言论（commercial speech）是西方（主要指美国）司法体系中常见的一个概念。美国联邦最高法院在审理言论自由的案件时，通常依其内容的不同将言论划分为不同的类别，如政治言论、商业言论等，并对不同类别的言论给予不同程度的保护。商业言论一般是指经营者为了获取交易机会而提议进行商业交易的言论，主要表现为对产品或服务的任何形式的赢利性或商业性广告。因此，对商业言论更通俗化的表述有商业广告、广告等。

我国广播电台中的医药节目以专题节目的形态出现在播出序列当中，但从工商部门和电台自身的角度，都把这类节目纳入广播广告的管理范畴，适用于《广告法》《医疗广告管理办法》等法律法规的约束和监管。本节将重点介绍国外对商业言论或广告监管的具体做法，以此作为时我国广播广告和医药节目监管的启示。

一、美国：对药物广告的管制严厉且细微

在美国，自19世纪末20世纪初那个走街串巷叫卖药品和“万灵药”的年代以来，欺诈性广告一直被视为社会中的一种被鄙视的行为。美国的违法性商业广告大体可分为三类：一是针对非法产品或服务所发布的商业广告，如针对未成年儿童发布酒类或烟草制品广告；二是广告中含有民族、种族、宗教、性别歧视等内容。三是广告中包含危害消费者权益或社会公

益的内容。非法广告可能会涉及食品、药物、医疗设备及化妆品等众多行业，美国最高法院曾明确表明宪法第一修正案对于虚假性或误导性商业广告进行规制是“没有丝毫障碍”的。❶

美国主要从商业广告的外在和内在两个方面来判断其是否具有虚假性或误导性。为了制止此类不良广告的发布，美国建立了良好的防范机制以保证消费者理性做出抉择。评判一条广告是否具有欺诈性的第一步是判断该广告事实上传递了何种内容。美国还确立了较为清晰的规制对象，并发展出了相对完善的认证方法。

第一，虚假陈述。商业言论中的虚假陈述可能出现在与产品有关的任何方面，如质量、价格、功能、特点和使用期限等信息。除非产品确如商业言论所言，否则该言论可能被认定为欺诈性广告而受到广告管制部门的严格制裁，如联邦贸易委员会有权因此发出广告终止令甚至判令广告商承担巨额赔偿金额。通常这类广告商会在商业言论中进行虚假承诺或虚假证明、误导性比较、诱售广告、形象歪曲等表述，如广告商宣称某一产品具有“抗癌”或“恢复青春”等功能而无法予以保证，再如打折前先行提高商品的零售价格或对外宣称限期销售而实际并未限期等手段。

第二，遗漏必要信息。虽然联邦贸易委员会从未要求广告主披露其掌握的有关自己产品的全部信息，但是如果达不到消费者对广告产品的基本期望，那么不披露相关信息就可能构成欺诈性遗漏。联邦贸易委员会对某些特殊行业如食品、药品、酒类产品和烟草制品类的商业言论予以重点监管。如果某药品对广告中所宣称的症状不起作用，联邦贸易委员会会要求广告主公布实情。❷

相对而言，虽然我国《广告法》第九、十、十一条规定了广告应当明确和真实，第三十七条和第三十八条明确了不得利用广告对商品或服务进行虚假宣传以及发布虚假广告所应负的法律责任，但却没有明确“虚假广

❶ 张妍妍. 美国的商业言论自由[D]. 济南:山东大学,2012:110.

❷ 张妍妍. 美国的商业言论自由[D]. 济南:山东大学,2012:114-120.

告”的定义，导致了虚假广告认定上无法可依。例如，广播电台中的医药节目，其属性就很难通过《广告法》或其他法规的相关描述予以鉴别。因此，借鉴美国关于虚假广告的定义，对完善我国医药广告法律、法规具有重要意义。

二、英国：严格遵循许可证内容

1968年，英国颁布的《医药条例》规定，在为医药品做广告时，产品必须与医药委员会所颁发的许可证内容相符合。

根据我国《药品管理法》的规定，生产药品“需要经过国务院药品监督管理部门批准，并发给药品批准文号”。药品、医疗器械广告在发布前必须经过省级食品药品监督管理局对其广告内容的审查，广告发布前必须取得《医疗广告审查证明》，未取得证明的医疗广告不得发布。但现实中，未经审批违法刊播、篡改审查内容或伪造审查批准文号、套取广告批文及使用过期失效文号等现象一直存在。[1] 因此，我们应借鉴英国严格审查的规则，更新审查程序。

三、日本：对医院广告的严格监管

在日本，医院广告对人们的影响比较大，人们在地铁车厢、公共汽车、月台上都能看到线路附近的医院广告。这些广告通常比较简单，只有地址、电话、诊疗时间和治疗项目，没有保证和承诺，没有成功病例，没有院长履历。日本的医院一般不在媒体上做广告，且日本对医院广告有三大禁令：一是虚假广告；二是与他人比较的广告；三是夸大性广告。如有违反，处以6个月以下拘役、30万日元以下罚款。可见，日本对医药广告的内容和发布地点都有明确规定，这对消费者权益是一种保护。同时，处罚手段较为严格，除经济处罚外，还使用了刑罚手段。

[1] 王婷婷. 外国医药广告的主要监管措施及对我国之借鉴[J]. 黑河学刊,2011(2):16.

四、借鉴与思考

目前，我国出台的一系列约束性法律法规，以及针对虚假违法医药广告的治理条例均起到了一定的效果。但如何进一步从法规运行机制、法制监管力度层面加强对医药节目的管理是当务之急。

（一）严格进行内容审查

就医药节目而言，具有广告诉求的医药厂家、代理商是广告主和委托方，广播电台则是广告经营方和受理方。受理方理应对委托方的相关资质进行审核。根据《广告法》《药品广告审查办法》《广播电视广告播出管理办法》❶（又称“61 号令”）等法律法规的要求，医药广告主申请进入电台从事广告传播行为时，电台至少应该在以下五个方面予以审核。一是委托方是否持有《药品广告审查表》；二是委托方是否可提供证明其商业经营身份的营业执照等；三是医药产品本身的质量证明文件等；四是主讲嘉宾的资质证明文件；五是发布广告时应“按照审查批准的内容发布”。

在以上五个审核要素当中，前四个都是客观的、硬性的，但“按照审查批准的内容发布”这项规定却是带有弹性的。笔者在访谈中向电台广告管理人员提出了同一个问题：医药节目入台时，需要对其做哪些方面的审查？从他们的回答看，对客户资质和产品质量等硬性条件的审查是各个电台都强调的，但发布内容似乎被放在了审查之外。在经济效益的压力和诱惑之下，电台会放松对医药节目内容的审查，对听众证言、专家断言、夸张、保证根治等播出内容留出容忍空间。但从美国对商业广告的监管看，其对商业广告有明确的规制对象和范围界定，且执法力度严格，任何虚假的、误导性的内容一律放在被管制范围，不得向公众发出。

❶ 参见国家广电总局网站。

（二）行政处罚须责任明晰

在我国的若干针对医药广告的管理文件中，《医疗广告管理办法》（2007年施行）和《广播电视广告播出管理办法》（2010年施行）是较明确提出了违法、违规处罚意见的两部行政法规。《医疗广告管理办法》第二十二条规定：

“工商行政管理机关对违反本办法规定的广告主、广告经营者、广告发布者依据《广告法》《反不正当竞争法》予以处罚，对情节严重，造成严重后果的，可以并处一至六个月暂停发布医疗广告、直至取消广告经营者、广告发布者的医疗广告经营和发布资格的处罚。法律法规没有规定的，工商行政管理机关应当对负有责任的广告主、广告经营者、广告发布者给予警告或者处以一万元以上三万元以下的罚款。”

《广播电视广告播出管理办法》第四十条的内容：

“违反本办法第八条、第九条的规定，由县级以上人民政府广播影视行政部门责令停止违法行为或者责令改正，给予警告，可以并处三万元以下罚款；情节严重的，由原发证机关吊销《广播电视频道许可证》和《广播电视播出机构许可证》。”

按照以上文件中的处罚条款，医药节目中涉及的强调治愈率、用专家或患者形象做疗效证明、用专题的形式发布广告等行为，都属于违法或违规，需要承担法律责任。但是，从政策的落地情况看，如何算“情节严重”或“造成严重后果”？这种带有模糊性、难有衡量标准的条款，其警告性质实则大于实际处罚效力，真正被暂停发布广告或吊销许可证件的广告主和广电机构恐怕并不多见。唯有罚款数额是具体的，可以明确落实到位。但问题是，相较一个省级频率每年几千万元的广告创收来说，条文中规定的“一万元以上三万元以下”罚款实在微乎其微，甚至不及一个频率一天从广告专题中拿到的创收。而且，条款也没有对违法违规的次数有任何界定，是每违规一次就罚三万元，还是每月累积罚三万元。实际上，行政处罚的直接对象应该是医药广告商，但通常电台都会主动承担这笔罚款。在电台内部看来，违法成本并不高。

虽然工商、广电、卫生、药监等行政部门都对医药节目负有管理责任，但实际起到约束效力的法规文件并不多见，而且最终只有罚款是可以实际落实的处罚措施。这说明针对医药节目的行政管理手段偏于单一。此外，经济处罚力度过小，对电台和广告商而言只是“象征性”的，缺乏实际的约束价值和意义。从日本对医药广告的管理经验看，在经济处罚的同时介入刑事处罚，应是我国广告管理法律法规的可借鉴之路。

第四节　健康广播的战略性建设探讨

办好健康广播既是广播媒介义不容辞的社会责任，也是政府、社会和民众的共同关注所在。从这一战略高度出发，对我国健康广播发展进行前瞻性探讨，是有重要价值和研究意义的。

一、提高健康传播专业人员的整体素质

（一）加强健康广播队伍专业素质建设

健康议题的专业性决定了健康传播服务和内容的科学性。广播健康传播是一项系统性活动，它一方面需要传播健康，另一方面则要诉诸于广播媒介。基于此，健康广播的从业人员要在系统学习中达到整体素养的提高：一是学习医学健康、生命科学领域的相关专业知识，并了解和掌握大众媒体健康传播的基本理念和理论知识。二是熟练掌握广播的业务技能，对广播听觉文本的特点和广播传播优势有较深刻的认知。三是建立服务听众的理念和意识，从而加强传播过程中的服务针对性。四是对我国广告相关法律法规的政策界限有清醒的认识，明确新闻信息与广告传播之间的分野，

提高健康广播团队成员的法律观念和自律意识。

（二）提升健康节目主持人的专业素养

一档健康广播节目的传播效果很大程度上取决于主持人和节目团队的专业素养和业务状态。比如，河北电台“生活广播”《燕赵名医堂》的主持人潇彤在大学学的是新闻专业，2004 年毕业后被分派做资讯记者，后来转岗到《燕赵名医堂》做主持人。她认为自己的专业知识是多年来与专家交流和阅读医学专业书籍的过程中积累而来，这些知识和素养可以帮助她充当听众和专家之间的桥梁。

潇彤：我自己在这个过程中也是一直在提升，力争处在专家和听众中间的位置。我不可能比专家懂得更多，但一定要比听众知道的多，这样才能发现听众需要提高的健康常识在哪儿、健康误区在哪儿，搭好专家和老百姓之间的桥梁。我自己也经常看相关的书，最近正在看河北省名中医的经验集，把各个中医的经验、研究方向、擅长治疗的疾病等了解透，从而在节目过程中运用自如。

北京电台“爱家广播”《健康喜来乐》的主持人李戈的专业是播音主持，1994 年进入电台工作，1995 年开始担任医药节目的主持人。“卖药”节目开启了他从事健康广播的第一步。李戈认为，自己的专业知识正是从参与节目的各位嘉宾的讲述中学到的，但在学习的过程中也需要自己辨别专家的真伪。

李戈：健康是一个极其专业的领域，主持人不懂会遇到好多问题，节目做不到点上。我是从卖药节目做起的，如果遇到的真是一位大夫，你就会从跟他们的聊天中不断积累相关的知识。这些知识可以武装你，加上时间，你就可以形成体系，或者说起码你对一种病或者几种病比较了解。

健康节目主持人专业素养的提升是一个渐进的过程，而且更多地是基于一种职业的自觉。有些主持人凭个人兴趣进入广播健康传播领域，在多年的工作经验积累和自我学习的过程中，不断提高职业自信和对节目中专业化内容的成熟驾驭能力。

（三）加强健康广播复合型人才队伍建设

传播者的个人能力和素养在很大程度上决定着一档广播节目的质量和社会认可度。健康广播由于其内容属性的专业性，对相关业务人员的健康素养和知识储备都提出了很高的要求。但是，从目前看来，国内电台从事健康传播服务的专业人员相当匮乏，大多在短时间内难以胜任，难以把握健康广播对专业性内涵的要求。

主持人的健康素养和知识储备决定节目的品质和信息的科学价值。目前，广播电台健康节目同质化的现象，在很大程度上也是源于广播从业者中健康专业人员的匮乏。电台业务管理层也逐渐意识到这一问题，比如，江苏健康广播有意在人员构成上进行调整，以增强节目和频率的专业化。

刘佳："我们台有专业知识的就是阿松，这也是我们一个"瓶颈"的地方。所以这几年我们招人都不去高校招了，希望从社会上招一些有医学背景的、中医、心理学和学养生等一些人才过来。"❶

健康广播的专业性意味着其传播的难度，也意味着传播谬误会随着真理的传播一并到来。媒体是公众获取健康信息及其健康素养提升的重要渠道，而业务人员健康专业能力的高低也直接决定听众获取信息的多寡与优劣。现有健康节目的从业者，有的出于个人兴趣而深入健康传播的环境中，有的则是随着工作经验的增加而日渐积累起个人的健康知识体系。但广播健康传播整体水平的提高决不能单纯依靠零星的几档节目或偶然显见的明星主持，而必须将此作为广播当中的一项特殊业务，更多地吸收健康、医学等专业人才或知识复合型人才，向公众传播专业、严谨、准确和丰富的健康信息。

---

❶ 江苏健康广播节目部主任刘佳访谈内容。

二、加强健康广播智库的开掘

健康传播带有极大的科学性、专业性和严谨性。健康广播的可持续发展依靠电台内部力量是远远不够的，必须要借助外脑、外力，向健康广播输送智慧和发展动力。所谓的外脑、外力指的是医疗卫生领域的专家、学者、医生和专门从事健康教育的相关人士。

目前，《养生堂》《健康之路》等在公众当中有较高知名度的电视类健康节目已经建立了非常丰富的健康专家智库资源，有些专家在节目中展现的学识、个人魅力等为之吸引了大批“粉丝”。专家的影响力、受众的反响、节目的知名度这三者之间形成了良性循环。

在广播方面，北京电台“体育广播”的《百姓健康大讲堂》节目在健康传播智库的建设方面也已渐趋成熟。该节目在2008年北京奥运会开办的背景下开播，早期得到北京市卫生局的支持和配合。但北京奥运会结束之后，“健康奥运”的热度有所下降，行政支持力度渐弱。在这种情况下，节目组主动与奥运期间合作过的医院对接，逐渐建立起了庞大的嘉宾队伍。

安杨：“我们利用奥运那一年的基础，跟北京市三十多家三甲医院的宣传部门开会。大家反映节目不错，收听率也不错，而且嘉宾认为我们是专业的、严肃的，尊重人，所以他们也很愿意配合。我们总共有上千个嘉宾，那我就不发愁了。奥运结束之后在资源上没有受到任何影响。”❶

全国许多广播电台的健康传播可能都曾经历过政府部门、卫生部门从大力支持到支持渐弱的过程。有的电台在行政支持下热火朝天地开办健康频率、健康节目，缺少支持时又轻易退出或转型。北京电台《百姓健康大讲堂》节目的案例给出的启发是，电台或节目应主动出击，凭借节目质量赢取专家的信任与合作。在稳定原有专家队伍的基础上，吸纳新的智库成员，开拓选题思路。同时，主持人还要加强与专家的磨合，在实践中培养

❶ 北京电台《百姓健康大讲堂》节目主持人安杨访谈内容。

健康专家的广播感觉和工作状态。建立一支具备专业素养和广播传播素养的专家团队，是健康广播节目品牌建设的不竭动力。

三、重视自媒体时代听众的主体性

从媒介发展史的角度看，任何一种媒介在其新生与发展的过程中都带有深刻的时代基因，并且在不同时期给人类社会带来革命性的传播体验。20世纪90年代以来，自媒体（We Media）的存在和演进意味着公众信息索取、人际交往的日益便捷，媒介监督、教育、娱乐功能的不断延伸和放大。

美国IT专栏作家丹·吉摩尔（Dan Gillmor）长期致力于自媒体理论和实践的研究，并将这一新的媒介生态形容为"新闻业的下一个冲击波"。在他发表于2002年3月27日的博客上，丹·吉摩尔将自媒体的主要特征描述为如下四个方面：①我的读者知道的比我多。②这不是一个威胁，而是一次机遇。③我们可以利用它创造出一种介乎于研讨会和谈话之间的新事物，并起到教育公众的作用。④互动性和传播技术促成了自媒体的诞生。

经过近20年自媒体形态的不断演进，我国传媒业已经进入以"受众参与"为核心和本质的全新传播语境。我国的媒介生态、新闻受众观、媒体业务都在发生巨大的变化。在"人人都是麦克风"的时代，传统健康广播中自上而下的"发送—接收"的线性传播模式已被打破，传播过程越来越强调受传双方的交互性和双向性。

传统意义上的听众借助新媒体工具也成为健康广播的传播者。这一点在2013年"禽流感爆发时期"的公共健康传播中已有体现。章平等人的研究认为，政府对此次禽流感信息的发布，表现出主导而不傲慢的姿态，主要表现在以下两点：一是对公众的意见的吸纳和回馈，如尽快解决了禽流感患者就医纳入医疗报销的问题；二是对公众聚焦的一些重要问题进行了一些回应。比如，黄浦江漂流死猪与禽流感的关系等健康相关问题、原

因和解决方案。❶

对于传统广播而言，不论是常态的健康节目，还是非常态的公共卫生事件中，增强互动性都是提高健康广播传播效果的一条重要渠道。健康广播应尽可能开辟听众参与空间，丰富其参与手段，广泛吸收群众的智慧，将单向传播变双向传播。尤其是微电台、微博、微信等社交媒体，已经为传统广播搭建了连接受众智慧和意见的平台，广播则应当尽可能将民间舆论场中的声音收集、反馈，突出受众的传播主体性地位。

第五节　新媒体环境下的中国健康广播

“每一种媒介都有其自身的优势和劣势，它也会将这些强加在所携带的信息上。新媒介通常并不会消灭旧媒介，它们只是将旧媒介推到它们所具有相对优势的领域。”❷ 在新媒体时代，广播不是被融合、被替代，而是从内容到渠道、从机构到称谓、从理念到机制经历一个重塑的过程。广播会在新媒体环境中继续演进和适应。本节在列举和分析新媒体带给健康广播的发展机遇的基础上，提出了新媒体环境下健康广播的发展的几点建议，并提出了搭建政府主导的医药电子商务流通平台的可选路径。

一、新媒体成为健康传播的重要渠道

在数字化生存的时代，网络已渐渐成为受众获取健康信息的重要途径。数量众多的网络健康新闻、专业健康网站、健康论坛等为公众提供了海量健康信息，类似于“好大夫在线”“有问必答网”等网上问诊平台，在中青年人群中也有较高的关注度和接触率。据《2009 年中国健康传播普及调研报告》显示，门户网站的健康频道和专业健康网站已成为当今公众最主要

❶ 沈国麟，韩晶晶，王凌云. 禽流感考验下的中国健康传播——健康传播跨学科学术圆桌讨论[J]. 新闻大学，2014(1)：102.

❷ 杰克·富勒(Fuller，J.). 信息时代的新闻价值观[M]. 展江，译. 北京：新华出版社，1999.

的健康信息来源。❶

从2010年开始，微博引领我国社会真正进入自媒体时代，移动互联网更为公众提供了随时随地与世界联结的可能。可以看到，《健康时报》《中国中医药报》《家庭医生报》等平面健康媒体、传统网站的健康频道等纷纷涌上微博，扩大其传播影响力，抢占受众资源。大量健康爱好者也利用开辟健康微博，专门传播健康知识。此外，如果以“健康”为关键词在智能手机应用商店中搜索一番，便会看到大量服务性软件，比如“从头到脚说健康”“健康宝宝成长手册”“健康顾问”等。《健康时报》《家庭医生报》等传统健康媒体也提供了第三方软件供移动网络用户下载。

更具个人传播力的微信应用于2011年推出后，用户通过好友转发、朋友圈发贴、转贴等操作，实现了信息在小团体之间的快速传播。健康养生知识是微信信息传播中的一大类别，人们经常可以在朋友圈看到“怎样把身体调成碱性”“1~12月，每月如何养生”“雾霾对儿童的健康影响及防范办法”等与健康生活、养生保健相关的信息。

在自媒体传播环境下，传统媒体不再是健康传播唯一的“发声器”，每个人都可以成为传播健康的主体。人们经常用“信息爆炸时代”来形容媒体高度发达的今天。公众接触健康信息、获取健康知识并不是一件困难的事情。单纯从供求关系的角度看，媒体对健康信息的供应量是远远过剩的。但是，人们需要有一定的辨别力和去伪存真的能力去处理这如雪花般洒落的信息。

二、新媒体语境对健康传播“知信行模式”的转换

（一）知信行模式

“知信行模式”（Knowledge，Attitude，Belief，Practice，KAP/ICABP）由“知识传递”“态度改变”和“行为达成”三个要素构成，在20世纪70

❶ 宋迪文. 互联网在健康传播中的特点[J]. 健康教育与健康促进,2009(10).

年代美国开展的“斯坦福心脏病预防计划”中得到初步总结，并成为健康传播的经典理论范式。

在知识、态度、行为三个连续体中，知识是基础，态度信念是动力，行为（包括产生促进健康行为、消除危害健康行为等行为改变过程）是目标。举例来说，健康节目中的养生专家把一些具体有效的养生窍门知识推广送听众；听众通过学习、思考，理解精髓，形成促进健康、养生保健的信念；在信念支配下，人们可逐步建立起饮食、锻炼、养生行为的健康模式。

“知信行模式”认为，知识转变成信念，态度就能支配人的行动。信念在知识和行为中起到中介作用。但事实上，要使知识转化为行为改变，是一个漫长而复杂的过程，有很多因素可能影响知识到行为的顺利转化，任何一个因素都有可能导致行为产生的失败。“知信行模式”干预的主要策略包括：增强信息权威性和传播效能；利用信息接受者身边实例来加强信息的有效性；强化对行为改变效益预期和效果的宣传力度等。❶

（二）新媒体语境下健康传播的去中心

机构和精英主导了 web1.0 时代的海量信息生产，普罗大众则基于 web2.0 平台贡献着无量无际的内容。以往人们找到一条健康信息，需要在报纸上翻看和收集、等待一档健康节目的播出并注意收听，新媒体则对这些受者期待有所削弱。各类媒体发布的健康信息的重要价值被淹没在海量信息中，即人们所说的信息“飞沫化”。

新媒体是对所有非传统媒体形态和技术的一种统称。随着信息技术的进步，新媒体工具的自媒体化和社交媒体化，将信息传播带入传者去中心的话语环境。美国新闻学会媒体研究中心主任戴尔·佩斯金从媒体功能性的角度给自媒体下了一个定义：“当今电子科技赋予公众了解全球知识的能

❶ 许欣. 父母—儿童运动参与的知信行关系[D]. 北京：北京体育大学，2013：8.

力，公众在此环境下制造着自己的事实和新闻，自媒体恰是我们了解公众这种行为的一种途径。”❶ 在人人皆可发声的条件下，去中心化在技术意义上的平等、开放和民主的公众舆论场。

但是，“去中心未必自然形成理性建设性的多中心，去中心之后很可能遭遇无中心的风险和灾难，这对高度倚重专业权威的健康传播造成了巨大冲击”❷。无中心就有可能让公众陷入海量飞沫化、碎片化信息中难以选择和信任，还有可能令伪科学、假健康成为引导公众健康视听的中心。比如，有“养生教母”之称的马凌悦，她不但拥有自己的健康养生网、个人官网、论坛、微博、网上商城，还有百度贴吧、遍及各网页的近3000张图片和1500多段视频等。宣传性信息和保健品营销信息占据绝大多数，且置于搜索排名前列，容易让网友对此内容产生信任感并抱有从众心态去选择接受。可以说，新媒体形式的推陈出新也在一定程度上助力了像马凌悦这种“伪专家”的出现。

（三）新媒体语境下知信行模式的局限和创新

1. 认知层面：从单向传播到双向多向对话

当受众接触健康信息的渠道日益多元，并在自媒体平台上成为信息传播的主体时，自上而下的健康教育和单向线性信息传播的方式会显现出失灵、效果也会弱化。新媒体在放大知信行模式单向、线性局限的同时，也推动健康教育发展为双向交互、平等对话的健康传播。原来的教育者和被教育者应当成为缔结“主体—主体”关系的对话者，展开双向开放、平等均衡的公共讨论。

2. 态度层面：构建受众信任

健康传播涉及公众态度和行为的转变，达成这种转变要求健康信息的

❶ 丹·吉摩尔. 草根媒体[M]. 陈建勋，译. 南京：南京大学出版社，2010，3.
❷ 胡百精. 健康传播观念创新与范式转换[J]. 国际新闻界，2012(6)：7.

目标受众对信息来源和采取相关行为之后的结果有充分的信任。去中心化正在消解传统意义上受者对传者的信任、信心和信念，而要顺利构建公众信任，需要政府、媒体、专家和个人的共同努力。

首先，政府对新媒体健康传播进行合理管控，并建立权威信息源，以高质量的健康信息建立公众的认知信任。目前，甘肃、辽宁、浙江、河北、内蒙古等省、区的卫生厅开通官方微博，但是其网友转发、评论等公众参与度较低，远不及“@ 医生哥波子”“@ 协和章蓉娅”等认证身份的微博关注度和公众活跃度。这说明，政府借助新媒体渠道发布健康信息的内容和手段上应更具有贴近性、体现人性化。

其次，医院、医师和医学专家等开通微博、微信的情况越来越普遍，他们在微博、微信上普及医疗保健知识和生活常识、推广健康生活方式，并对食品药品安全事件及时关注，这些信息都能够及时传递给相关受众。

3. 行为层面：适应受众新的生活路径

在自媒体和移动互联网时代，一部手机或平板电脑即可提供人们工作、学习、娱乐、生活和社交等各种需求的实现路径，人自身就被“社交媒体化”，[1] 新媒体改造了人们对时间的支配方案，勾划了新的生活路线图。健康传播机构应该认识到，所欲传播的内容唯有嵌入社交媒体重构的生活路线图，才有可能被大众充分认知、有效理解和适度接纳。

三、新媒体带给健康广播的发展机遇和挑战

（一）发展机遇

1. 帮助优化传播内容和传播过程

随着信息技术的发展，传统的受众角色，即被动的信息接受者、消费

[1] 胡百精. 健康传播观念创新与范式转换[J]. 国际新闻界,2012(6):7.

者、目标对象将终止，取而代之的是搜寻者、咨询者、浏览者、反馈者、对话者和交谈者等诸多角色中的任何一个。“在大众受众兴起长达一个多世纪之后，这样的变化也许的确堪称革命。”❶

新媒体平台上的健康传播结合了大众传播和人际传播的优势，传播机制的创新使其成为健康传播的有力工具。❷ 在传统广播平台上，健康传播的内容和流程均是以传者一方为主导，新媒体人际之间的互动性增强了受者的主动传播意识和健康诉求的传播。比如，河北电台“生活广播”《燕赵名医堂》的官方微信每日更新节目预报、线下公益活动预报、群内传播健康养生知识等，评论与转发机制则可以通过公众参与扩展传播范围，并通过互动过程让公众更好地权衡信息优劣。

2. 提供了解公众健康需求的多元途径

以互动传播为特点的各种新媒体正改变着人们的生产、生活、思维和传播方式。凭借新媒体给予的话语权，人们可以广泛参与信息的采制、传播，加入讨论，发表观点。这些海量的、个性化的信息使约翰·弥尔顿的“观点的自由市场”变成现实。❸ 健康广播作为以传统广播平台为出口的传播形式，必须依托广播声音介质完成传播行为。而新媒体的互动性可以帮助广播媒体从中掌握受众对健康议题的关注热点和实际需求，从而在节目内容和议程设置上进行合理布局。

（二）面临挑战

1. 信息飞沫化与健康信息筛选的难度

信息飞沫化、碎片化给健康广播的传受双方都带来了信息筛选的难度。一方面，目前健康广播节目的传播者尚不能做到完全的专业化，在一些主

❶ 丹尼斯．麦奎尔．受众分析[M]．刘燕南，李颖，杨振荣，译．北京：中国人民大学出版社，2011：109.
❷ 陈虹，梁俊民．新媒体环境下健康传播发展机遇与挑战[J]．新闻记者，2013(5)：60.
❸ 苏新．劝服理论在新闻传播中的运用[N]．亚洲中心时报，2010-11-05(3)：2.

持人信息播报类节目当中，健康信息的来源主要是报纸、网络等其他媒体。在传播者健康素养水平有限的情况下，网络信息的超链接、同质化会对其信息筛选造成障碍，甚至会将带有谬误的信息带到健康广播中来。另一方面，受众是新媒体环境下信息使用的主体和参与者，真伪交杂的海量健康信息向受者的判断力提出挑战。而转发、评论、互动等新媒体特有的参与手段，往往又助推人们在未经分辨的情况下，向广阔的健康信息空间释放更多的同质化信息。

2. 健康广播公共服务与广告营销创收的两难境地

与医药营销性内容对传统媒体的冲击一样，新媒体当中也充斥着大量在健康名义下的营销内容。相关信息的指向仅仅是推动医药产品的销售量，或增加社会性医疗卫生机构的网页点击量。因此，广播健康传播在其自身和外部两层传播环境中都受到商业因素的冲击，健康传播的公共服务指向在一定程度上被削弱。

3. 数字鸿沟背景下健康广播的信息公平服务

虽然新媒体传播具有强大的信息聚合优势，用户可以通过搜索获得自己所需要的健康信息和网络服务，但是由于公众受教育程度和媒介技术掌握水平的差异，不是每一个人都能很好地理解和参与健康信息的在线搜索，也就难以有效地通过新媒体获取相关健康信息。“数字鸿沟”的存在，使得那些无法诉诸新媒体获取健康信息的受众流向广播、电视，这迫使健康广播在对象定位以此类人群为主，而不能照顾更广层面上的听众的需求。

与此同时，我国社会拉大的贫富差距的现状也向健康广播服务的公共普及提出挑战。健康广播的传播视野应当积极向贫困人口、老年群体、儿童、残疾人群体等弱势群体倾斜，加强传播内容的针对性和实施的可操作性，并将健康公共服务落到实处。

四、新媒体环境下健康广播的发展建议

(一) 节目创意入手，吸纳受众智慧

健康广播节目同质化的问题在很大程度上缘于节目创新能力的不足。基于此，电台可利用互联网搭建健康广播节目创意征集平台，吸引社会各界对健康广播有兴趣的人士参与创新节目。因为网络用户多为中青年受众，其节目创意必然可以反馈出中青年年龄层受众对健康的认知和需求。因此，如果将网络平台上征集到的优秀节目纳入传统广播的节目形态并进行改造，或许可以改变健康广播等价于老年广播的现状，进而扩大节目人群接受的范围。

(二) 融合移动互联网，延伸健康广播

截至2015年12月，中国网民规模达6.88亿，互联网普及率达到50.3%，半数中国人已进入互联网。深度融入移动互联网，开发与移动平台的深度合作模式，开创出满足用户需求的内容及相应的互动模式，是我国健康广播借助新媒体扩大影响力、丰富节目形态的一条路径。首先，坚持传统健康广播的服务功能，开发内容丰富、可视性强、符合用户使用体验的健康服务类移动APP应用。其次，借助微博、微信和其他社交媒体，扩大健康广播内容的传播范围和传受互动。

(三) 大数据挖掘听众需求

数据，越来越成为各行各业重要的生产要素之一，数据挖掘和信息利用，将创造新的生产价值。媒体融合带给广播数据应用的空间。广播电视网、听众论坛、微电台、数字广播、移动APP等，都是可供分析和利用的数据源。对用户评论、基础信息、兴趣点等进行数据挖掘和语言处理，准

确掌握受众需求和评价，进而有针对性地改进和创新节目。比如，在微电台，用户在互动评论里留下了大量关于节目的意见反馈，可以借助技术力量对这些反馈进行数据挖掘，从而可以分析收听该健康广播节目的人群特征、收听习惯及健康兴趣点等。这些信息都将成为广播节目改版、创新的依据。

五、建立政府主导的医药流通平台

当前，我国药品和医用器材生产流通领域秩序混乱，价格虚高，影响了基本药物的可及性。全国有 5000 多家药品生产企业，药品批发企业有 12000 家，零售企业 12 万多家。企业数量多、规模小，增加了有效监管的难度。❶ 医药节目之所以长期向大众媒体渗透，也在一定程度上受制于医药流通体系。国家卫生主管部门一直强调对医药流通的监管和干预，建立以政府为主导的电子商务医药流通平台似乎是一条可选道路。

目前，国外很多广播电台通过网站开展地域性的电子商务，通过提升内容的服务性和有用性，增加用户黏性，从而嵌入用户生活。美国 CBS 广播集团的各地方性电台网站，从网民的需求出发，将本地化扩展为多元服务，提供本地的娱乐、旅游、餐饮、购物等“直接可用”信息，从而建立了一个多媒体生活服务平台，让用户在收听广播、使用广播网的同时，参加规律性会员活动，消费媒体推荐的商品与服务，使用户对媒体的依赖常态化、标准化，进而增强媒体网站的黏性。❷

国内也有广播尝试开展广播团购、广播网络购物。例如，长沙电台“快乐 886 购物频道”❸ 依托湖南广电及快乐购的节目制作能力，从车、食、住、行四大板块建立了一个空中消费和购物平台。2010 年 6 月 17 日，中央人民广播电台斥资筹备的央广购物电视频道正式开播，这将在一定程度上

❶ 陈竺. 深化医药卫生体制改革逐步缓解群众看病就医问题[J]. 时事报告,2011(3):12.

❷ 李玥,陆地. 广播的变革指向:产业化 网络化[J]. 视听界,2013(2):26.

❸ 该频道由湖南广电旗下的“快乐购物有限责任公司”与长沙电台合作经营。

有利于中央人民广播电台突破传统媒体发展的“瓶颈”。

广播电子商务购药平台的搭建，需要以卫生、工商等政府部门的力量为主导，借助广播现有的多媒体传播平台，行业电子商务平台可以为买卖双方提供安全、可靠的交易环境。同时，医药行业电子商务平台还能使会员企业实现低成本运营。对于消费者而言，医药行业电子商务平台不仅可以集中医药业同类产品的信息，便于消费者查找相关产品和服务，而且还可以降低消费者的消费风险。

结语：健康广播的人本化传播

“以人为本”作为一种哲学价值观，古已有之，正所谓“天地万物，莫贵于人”。而到了新世纪，新阶段，人本思想的理论内涵得到了丰富和发展，“以人为本”已成为我国经济社会发展的最高价值取向。人本化传播是以受众为根本目的和动力，从人的本质出发的传播，是一种尊重人性的传播。健康广播的人本化传播体现着广播“人本化媒介”的本质属性，也是社会公众对生命健康追逐和向往的必然要求，是新的媒介环境下广播健康传播的核心价值和意义关切。

一、广播“人本化媒介”的公共健康服务

人们把广播称为“声音媒体”，因为声音资源是广播的唯一凭借，解放声音是广播人孜孜不倦的追求。听众借助声波实现与外界的交流，并实现对心灵和自我的观照。基于这层意义，广播被赋予了人本化媒介的功能属性，具体则体现为传播实践中的公共服务和主流价值观的输出。

健康，是每个社会人对生命状态的最朴素、最本真的追求。健康传播也因此而呈现出极大的公共性。广播特有的无可替代的传播优势和传播潜能，使之成为健康传播的有力工具。但与此同时，市场经济环境催生了现代媒介对商业价值和小团体利益的攫取，广播资源因此被私用和服务于个别利益。广播应该从媒体核心功能的角度出发，解决受众对健康知识、信息、服务等的需求，并为社会公众健康能力和健康意识的提高作出努力。

二、善用受众的健康智慧

媒介使用是人们在特定社会环境中完成的众多行为之一，或者说是由各种社会因素合力促成的一种行为。在听众的实际生活中，媒介接触环境是组成部分之一。但在广播领域中，健康广播节目不足、医药节目渗透普及的现实情况，在客观上给听众的健康广播接触行为制造了障碍。这一方面说明听众对广播健康传播需求未得到满足；另一方面，这也导致了听众将健康广播的使用欲望转向了医药节目。使用与满足理论的核心思想是将传者中心地位转移到受者中心地位，突出了受众需求的表达及其在媒介选择上的主动性。它强调的是传播过程中受传双方的交互性和双向性。这传递给健康广播的信号是“一对众”传播关系应该向着“一带众”的方向发展，即健康的传播者带领众多听众共同参与和互动，用更多元的方式和手段丰富与听众的互动，从而增强健康传播效果。

三、广播作为“生命线媒介”的特殊价值

突发公共卫生事件，尤其是自然灾难事件的发生具有强烈的不可预知性。当事件发生时，社会公众的生命安全直接受到威胁，生命健康的意义被放大为生存的意义。国内外灾害性事件的救援实践证明，广播是国家和地方防灾、救灾、减灾体系的重要渠道和最有效的社会救助生命线媒介。在2008年四川汶川地震中，川藏地区的藏语广播通过藏语紧急插播，有效地保护和疏散了当地的藏民。在四川雅安地震中，中央人民广播电台开设的临时电台在灾区开播，传递了大量灾民所需要的信息，因此而受到好评。人们根据经历多次灾害事件中的经验，也逐渐养成了灾害中对广播媒介的特殊依赖。但需要注意到的是，我国基层的广播媒体在报道水平和报道能力上都有所欠缺，尤其是缺乏灾应对害事件的经验。因此对各基层广播电台包括硬件设施、人员素质等各方面的建设尤为重要，这是广播发挥生命

线媒介功能的前提和基础。

四、新媒体环境下健康广播的演进

尼葛洛·庞帝在《数字化生存》一书中指出：“当一个个产业揽镜自问在数字化世界中有什么前途时，其实，它们的前途百分之百要看其的产品或服务能不能转化为数字形式。”广播的数字化、网络化生存并非意味着广播要被同化、被融合，而是如何利用新技术实现媒介的补偿和进一步的传播突破。

网络广播、移动互联形态下的广播环境中，无限聚合的健康信息通过各种自媒体、社交媒体在每个人的指掌之间自由穿梭和流通。传统健康广播的发展不能仅限于或停留在网络环境中的听传互动，而必须利用新兴媒介技术开发带有广播特色、又适应受众多元需求的内容和服务；同时，借助数据挖掘技术，深刻了解受众的健康所需，进而提供更有针对性的服务内容和传播形态。

参考文献

[1] 张自力. 健康传播学——身与心的交融[M]. 北京:北京大学出版社,2009.

[2] 陈小申. 中国健康传播研究:基于政府卫生部门的考察与分析[M]. 北京:中国传媒大学出版社,2009.

[3] 陈望道. 修辞学发凡[M]. 上海:复旦大学出版社,2008.

[4] 马歇尔·麦克卢汉. 理解媒介[M]. 何道宽,译. 北京:商务印书馆,2000.

[5] 曹璐. 广播新闻理念与实务创新研究[M]. 北京:中国广播电视出版社,2007.

[6] 张咏华.大众传播社会学[M]. 上海:上海外语教育出版社,1998.

[7] 刘晓红,卜卫. 大众传播心理研究[M]. 北京:中国广播电视出版社,2001.

[8] 刘静. 大众媒体在健康传播中的角色[D]. 北京:北京大学,2004.

[9] 陈昌凤. 中国新闻传播史:媒介社会学的视角[M]. 北京:北京大学出版社,2007.

[10] 邓炘炘. 动力与困窘:中国广播体制改革研究[M]. 北京:中国经济出版社,2006.

[11] 张彩. 老龄化社会与老年广播[M]. 北京:中国传媒大学出版社,2007.

[12] 赵多佳,许秀玲. 广播专业化概论[M]. 北京:中国国际广播出版社,2008.

[13] 陈卫星. 传播的观念[M]. 北京:人民出版社,2004.

[14] 郭镇之,徐培喜. 传播理论:起源、方法及应用[M]. 北京:中国传媒大学出版社,2006.

[15] 王石番. 传播内容分析法:理论和实证[M]. 台北:台北幼狮文化事业公司,1991.

[16] 崔恒勇. 广播广告[M]. 北京:中国轻工业出版社,2011.

[17] 胡俊峰,候培森. 当代健康教育与健康促进[M]. 北京:人民卫生出版社,2005.

[18] 林娅. 未来与选择[M]. 北京:中国环境科学出版社,1998.

[19] F. D 沃林斯基. 健康社会学[M]. 孙牧虹,等译. 北京:社会科学文献出版社,1999.

[20] 麦休尼斯. 社会学:第 11 版[M]. 北京:中国人民大学出版社,2009.

[21] 胡继春. 医学社会学[M]. 武汉:华中科技大学出版社,2005.

[22] 弛仙桥等. 中国老年社会学[M]. 北京:社会科学文献出版社,2011.

[23] 童坦君等. 医学老年学(第2版)[M]. 北京:人民卫生出版社,2006.

[24] 赵玉明主编. 中国广播电视通史[M]. 北京:北京广播学院出版社,2004.

[25] 谢利 . 泰勒. 健康心理学[M]. 朱熊兆,等译. 北京:中国人民大学出版社,2012.

[26] 梁其姿. 面对疾病[M]. 北京:中国人民大学出版社,2012.

[27] 风笑天. 社会学研究方法[M]. 北京:中国人民大学出版社,2009.

[28] 柯惠新,沈浩. 调查研究中的统计分析法[M]. 第2版.北京:中国传媒大学出版社,2005.

[29] 王萍,李树茁. 农村家庭养老的变迁和老年人的健康[M]. 北京:社会科学文献出版社,2012.

[30] 秦琍琍,李佩雯,蔡鸿滨. 口语传播[M]. 上海:复旦大学出版社,2011.

[31] 古斯塔夫·勒庞. 乌合之众[M]. 冯克利,译. 北京:中央编译出版社,2005.

[32] 赵曙光等. 中国健康传播研究(2009—2010):从媒体舆论到医患沟通[M]. 长春:吉林大学出版社,2010.

[33] 丹·吉摩尔. 草根媒体[M]. 陈建勋,译. 南京:南京大学出版社,2010.

[34] 丹尼斯,麦奎尔.受众分析[M]. 刘燕南,李颖,杨振荣,译. 北京:中国人民大学出版社,2011.

[35] 焦利军,邱萍. 消费心理学[M]. 北京:北京大学出版社,2006.

[36] 景维民. 从计划到市场的过渡[M]. 天津:南开大学出版社,2003.

[37] 吴敬琏. 当代中国经济改革[M]. 上海:上海远东出版社,2004(1).

[38] 尼尔·J·斯梅尔塞. 社会科学的比较方法[M]. 王宏周,张平平,译. 北京:社会科学文献出版社,1992.

[39] 杰克·富勒. 信息时代的新闻价值观[M]. 展江,译. 北京:新华出版社,1999.

[40] 上海市档案馆等. 旧中国的上海广播事业[M]. 北京:中国广播电视出版社,1985.

[41] 邓力群等. 当代中国的广播电视[M]. 北京:中国社会科学出版社,1987.

[42] 支庭荣. 大众传播生态学[M]. 杭州:浙江大学出版社,2004.

[43] 北京人民广播电台建台55周年广播论坛文集[M]. 北京:中国广播电视出版社,2004.

[44] 中共中央对外联络部研究室. 中共十八大:中国梦与世界[M]. 北京:外文出版

社,2013.

[45] 郝赫. “传播健康 请健康传播”——从电视媒体“养生热”中看媒介公信力的塑造[J]. 吉林广播电视大学学报,2013(4).

[46] 韩晶. 传播生态学视域下的微博健康传播研究[J]. 新闻知识,2012(6).

[47] 张自力. 健康传播研究什么——论健康传播研究的9个方向[J]. 新闻与传播研究,2005(3).

[48] 任景华. 从孕育到成熟——健康传播的历史演进与走向[J]. 东南传播,2010(10).

[49] 陈卫星. 广告传播的逻辑[J]. 现代传播,1999(2).

[50] 张彩. 媒介变局中的中国广播[J]. 中国广播电视学刊,2005(1).

[51] 辛欣. 广告的健康传播功能[J]. 新闻爱好者,2009(20).

[52] 胡百精. 健康传播观念创新与范式转换——兼论新媒体时代公共传播的困境与解决方案[J]. 国际新闻界,2012(6).

[53] 韩纲. 传播学者的缺席:中国大陆健康传播研究十二年——一种历史视角[J]. 新闻与传播研究,2004(1).

[54] 陈虹,梁俊民. 新媒体环境下健康传播发展机遇与挑战[J]. 新闻记者,2013(5).

[55] 陈竺. 深化医药卫生体制改革逐步缓解群众看病就医问题[J]. 时事报告,2011(3).

[56] 张咏华. 一种独辟蹊径的大众传播效果理论——媒介系统依赖论评述[J]. 新闻大学,1997(1).

[57] 喻国明. 中国健康传播的研究现状、问题及走向[J]. 新闻与传播研究,2011(1).

[58] 喻国明. 大众传媒公信力理论初探(上)——兼论我国大众媒介公信力的现状与问题[J]. 新闻与写作,2005(1).

[59] 陈甜甜. 健康传播视域中的中国电视健康节目分析[J]. 新疆财经大学学报,2013(3).

[60] 李玥,陆地. 广播的变革指向:产业化 网络化[J]. 视听界,2013(2).

[61] 毓怡. 健康传播中健康素养和媒介素养的教育反思[J]. 中国卫生事业管理,2012(3).

[62] 汤浩. 论健康传播中的传媒角色[J]. 湖南大众传媒职业技术学院学报,2008(3).

[63] 王宇. 广播健康频率的发展价值、问题及空间[J]. 中国广播电视学刊,2011(6).

[64] 董敬红. 健康节目:探寻规律中满足市场需求[J]. 传媒,2006(7).

[65] 张迪,王芳菲. 论当代美国健康传播研究之特点——基于〈健康传播〉的内容分析[J]. 国际新闻界,2012(6).
[66] 张自力. 论我国古代的健康传播[J]. 新闻与传播研究,2011(2).
[67] 何森. 浅析伪健康传播与媒体的责任[J]. 安徽文学,2012(1).
[68] 南肇胜. 伪健康传播的原因及对策[J]. 新闻爱好者,2011(18).
[69] 吴小坤. 新媒体对健康传播的新拓展[J]. 新闻记者,2010(10).
[70] 蔡志玲. 中美健康传播研究评析[J]. 东南传播,2012(12).
[71] 张士靖,杜建. 健康信息素养应成为中国公众健康素养促进的关键点[J]. 医学信息学,2010(2).
[72] 孙少晶,傅华,王帆. H7N9 禽流感危机中的健康风险传播与评价[J]. 新闻记者,2013(5).
[73] 尹银. 汶川地震对老年人的影响及对策[J]. 中国老年学杂志,2010,30.
[74] 沈国麟,韩晶晶,王凌云. 禽流感考验下的中国健康传播——健康传播跨学科学术圆桌讨论[J]. 新闻大学,2014(1).
[75] 宋迪文. 互联网在健康传播中的特点[J]. 健康教育与健康促进,2009(10).
[76] 陈叶红,赵海静. 人口老龄化——健康类传媒面临数万亿市场空间[J]. 数据广播,2012(2).
[77] 庞元正. 如何理解以人为本的科学内涵[N]. 解放日报,2006-03-13.
[78] 张彩,曹璐. 从公共服务理念看 NHK 的老年广播——NHK“广播深夜便”节目理念与形态解读[J]. 中国记者,2011(8).
[79] 曹璐,邓炘炘. 社会转型与广播媒介功能的深层开发[J]. 中国广播,2006(5).
[80] 蔡琰,臧国仁. 熟年世代因特网之使用与老人自我形象的建构[J]. 新闻学研究,2008(10).
[81] 陈文玲. 谈广告道德与社会责任的关系[J]. 新闻学研究,1992(9).
[82] 罗世宏. 公共广电八十载　追求共善新世纪[J]. 新闻学研究,2008(7).
[83] 陆晔,潘忠党. 新闻从业者专业主义建构[J]. 新闻学研究,2002(4).
[84] 罗文辉. 网络采用使用获得之满足[J]. 新闻学研究,2005(4).
[85] 翁秀琪. 公共媒体如何问责:以台湾的公广集团为例[J]. 新闻学研究,2008(7).
[86] 徐美苓. 医疗风险信息的媒体再现与反思[J]. 新闻学研究,2005(4).

[87] 郑怡卉. 新闻中的"伪科学"内容分析研究[J]. 新闻学研究,2013(7).
[88] 江静之. 广电新闻访问者之不同阅听人想象:论述心理学之观点[J]. 新闻学研究,2010(1).
[89] 任景华,刘宽亮. 从孕育到成熟——健康传播的历史演进与走向[J]. 东南传播,2010(10).
[90] 张自力. 论健康传播兼及对中国健康传播的展望[J]. 新闻大学,2001(3).
[91] 王迪. 健康传播研究回顾与前瞻[J]. 国外社会科学,2006(5).
[92] 屈雅红,王琳琳. 老龄化与中国老年广播发展策略研究[J]. 无线互联科技,2011(1).
[93] 甄众庆. 老年患者健康教育的常见问题及应对措施[J]. 吉林医学,2010(33).
[94] "健康中国 2020"战略研究报告解读[J]. 首都公共卫生,2012(5).
[95] 杨明品,李江玲. 中国广播电视公共服务理论几个基本命题探析[J]. 中国广播电视学刊,2011(1).
[96] 袁正领,魏蕾. 对广播电视公共服务几个基本问题的思考[J]. 现代传播,2009(1).
[97] 石长顺,程洪涛. 中国广播电视公共服务体系建构[J]. 河南社会科学,2010,18(5).
[98] 秦弓. 违法医疗广告众生像[J]. 中国医药导报,2007(4).
[99] 刘艳骄,李茵,贾海骅. 中医药知识的现代传播途径及效果研究[J]. 中国中医基础医学杂志,2007(11).
[100] 王婷婷. 外国医药广告的主要监管措施及对我国之借鉴[J]. 黑河学刊,2011(2).
[101] 丁玲华. 从接收工具状况看广播的发展空间——广播产业化发展的逆向思考[J]. 中国传媒科技,2004(3).
[102] 李胜梅. 广播广告的话语结构成分及其组合模式[J]. 南昌大学学报(人社版),2002(4).
[103] 周小普. 广播产业发展及体制、机制改革[J]. 中国广播电视学刊,2006(1).
[104] 王浩. 城市受众广播媒体消费研究[J]. 收听研究,2012(2).
[105] 谭天. 中国传媒市场竞争与广播产业发展[J]. 声屏世界,2006(5).
[106] 崔保国. 2010 年:中国传媒产业发展报告[M]. 北京:社会科学文献出版社,2010.
[107] 李良荣. 中国新闻业新的传播生态[J]. 新闻前哨,2009(3).
[108] 蒋建国. 19 世纪初广州传播生态与近代报刊的产生[J]. 吉林大学社会科学学报,2009(3).

[109] 邵培仁. 传播生态规律与媒介生存策略[J]. 新闻界,2001(5).

[110] 卢毅刚. 从传播生态看媒介地理分布的重要性——以西北甘肃为例[J]. 新闻前哨,2011(6).

[111] 王立慧. 科技发展与传播生态平衡问题分析[J]. 科技传播,2013(3).

[112] 陈旭鑫. 媒介生态学观照下的我国农业电视新闻传播生态剖析[J]. 中国广播电视学刊,2012(11).

[113] 蒋旭峰,崔效辉. 乡村传播生态及其对乡村治理的影响——以J市的田野调查为例[J]. 中国地质大学学报(社会科学版),2013(4).

[114] 段文武. 新传播生态下的地方广播传播思维[J]. 中国广播电视学刊,2008(10).

[115] 邢燕. 广播热线直播节目的定位与运作技巧[J]. 青年记者,2012(12).

[116] 沈洁敏. 广播热线节目如何走出一头热一头冷的怪圈[J]. 今传媒,2012(11).

[117] 顾昕. 走向普遍覆盖:至民医疗保险面临的挑战[J]. 东岳论丛,2010(1).

[118] 李玲. 新医改进展评述[J]. 中国卫生经济,2012(1).

[119] 徐海霞. 医改与全民医保问题研究述评[J]. 经济问题探索,2010(9).

[120] 高棉. 媒介语境下公众健康观的建构和衍变——健康传播研究[D]. 北京:中国人民大学,2008.

[121] 陈云芝. 论以人为本的发展理念[D]. 北京:中共中央党校,2006.

[122] 温秋阳. 中国应急广播研究[D]. 北京:中国传媒大学,2013.

[123] 张妍妍. 美国的商业言论自由[D]. 济南:山东大学,2012.

[124] 许欣. 父母—儿童运动参与的知信行关系[D]. 北京:北京体育大学,2013.

[125] 王舜伟. 广播卖药节目研究——媒介系统依赖理论之观点[D]. 台湾:台湾南华大学,2002.

[126] 李东静. 我国大众媒介健康传播意识形态流变研究[D]. 西安:西北大学,2009.

附录一　20 世纪 90 年代全国各地电台开办健康节目一览表❶

电台	节目/栏目	开播时间	播出时间	定位和内容
中央电台	《科技·知识·生活》	1992 年 1 月 1 日	—	节目中包括医药卫生知识
中央电台	《医药咨询台》	1994 年	—	—
山西电台	《空中诊所》	1991 年 4 月 22 日	—	—
北京电台	《人人健康》 《健康乐园》 《健康顾问》	1993 年 8 月	—	—
陕西科技教育电台	《空中大医院》	1994 年	每天播出 2 小时	知识和服务
山西台健康之声	《健康你我他》	1995 年 6 月 1 日	每周一至周六 10：00~12：00	《专家门诊》《购药指南》等服务节目
内蒙古电台	《健康咨询》	1995 年 10 月 30 日	每晚 19：00 时长 30 分钟	信息+服务；热线答疑；有 7 个栏目
福建电台	《人人健康——门诊热线》	1995 年 7 月 21 日	每周一至周五 18：15~19：15	省内名医在直播间接受听众问询

❶ 根据历年《广播电视年鉴》整理而成。

续表

电台	节目/栏目	开播时间	播出时间	定位和内容
内蒙古电台	《卫生与健康》	1996年12月	每周一至周末 21：45~22：00	医疗卫生、保健品及美容护肤品行业进行宣传和报道
江西电台	《祝您健康》	1996年3月	每次30分钟	主持人直播形式；医疗保健热线咨询
江西电台	《健康伴你行》	1996年3月	每天10：00~11：00	医院专家为听众普及知识和用药指导
湖北电台	《祝您健康》	1996年1月	每周播出6次（周二除外），40分钟	知识、服务、心理健康、信箱互动
广东电台	《健康之声》	1996年4月	每天6：00~24：00	100多位专家顾问，服务知识娱乐一体
河北电台	《健康之声》	1997年10月18日	每周一至周六 8：05~8：55	医政信息；健康咨询
北海人民广播电台	《热线服务》	1994年1月31日	每天12：05~12：45	包括医药在内的咨询服务
江苏盐城电台	《健康与生活》	1995年11月11日	9：15~10：00首播，17：05~17：50重播	卫生动态；养生知识
湖南岳阳电台	《空中门诊》	1995年3月	每周三 12：00~13：00	健康教育；名医在直播间问诊
广西桂林电台	《名医坐堂》	1995年5月1日	17：00	名医在直播间回答热线咨询
浙江海盐电台	《中医广播门诊》	1991年2月	栏目，每期10分钟	中医师讲授中医防病治病常识

附录二　健康广播节目主创人员访谈

第一部分：

访谈对象：北京人民广播电台体育广播《百姓健康大讲堂》以下简称《大讲堂》节目主持人、负责人安杨女士

访谈时间：2012 年 4 月 17 日

访谈地点：北京电台

1. 诸如《大讲堂》一类旨在普及健康常识，推广健康理念的健康类节目是大众媒体健康传播的重要渠道。如何理解“健康”这个关键词？哪些话题和内容应该放在广播健康传播的视野中？

安：首先是没有疾病，这是传统意义上的。另外，是心理健康和生活态度和生活方式的健康，这也是一部分。更广义的是健康的人际关系和社会关系，也是健康的一部分，但就不是节目涉及到的。

2. 有关健康、养生和医疗的话题通常涉及大量专业语汇和概念，节目的通俗化关乎传播效果的大小。在这方面，有哪些具体的做法？

安：我认为很重要的一个做法就是广义备稿。也就是，不仅是医学上的积累，还有对事情的理解和表达能力，有积累才有临场的发挥。之前准备的套路化的东西表达的是你已知的，但现场专家会带出一些你不知道的东西，这时要靠你的理解。从普通老百姓的角度去说，这些话老百姓可能理解得更好一些。

但是我们并不主张所有的术语都通俗化。现在老百姓去医院看病，存

在的一个问题就是，很多人不知道，也分不清那些术语。所以，我们一方面要通俗地讲，术语通俗化，另一方面必须要让他们知道和记住一些必要的术语。比如，“三高”里面，高血压现在不算专业术语了，血脂还专业一点，低密度脂蛋白、高密度脂蛋白更专业一些。一开始，我们会解释为好的胆固醇、坏的胆固醇，低密度脂蛋白越低越好，高密度脂蛋白越高越好，但时间长了，还是要他们知道和记住低密度脂蛋白、高密度脂蛋白这些术语。有些术语要解释，但不是说不去尊重科学的规范。

3. 《大讲堂》借奥运东风开播，是北京地区最早的健康节目之一。开播之初，这是广播节目形态中的新生事物，发展至今，节目的专家资源、受众反馈、收听率等方面是什么状况？

安：2007 年 9 月 1 日，为筹备奥运会开播了这档节目。就医学方面而言，一开始真的是零，什么都不知道，是慢慢积累的。节目的起点还是不错的，2007 年中国医药卫生事业发展基金会、中国 CDC、北京市卫生局合办了健康奥运的活动，选了北京四家传统主流媒体，设置栏目和板块开办了一档健康节目，给了一些资金扶持，卫生局有个办公室配合这件事。因为有这个基础，所以第一批的嘉宾来源很不错。奥运会结束之后，有一个过渡期，不能再用奥运系统了。我们就利用这一年的基础跟北京市三十多家三甲医院的宣传部门开会，大家反映节目不错，收听率也不错；嘉宾说你不专业，但是你很严肃，你不忽悠，尊重他，他们也很愿意配合。我们总共储备了上千位嘉宾资源，那我就不发愁了。奥运会结束之后，在资源上没有受到任何影响。

节目原来在下午播出，2010 年又调回上午了，因为当时怕奥运会之后创收上不去，所以下午那个时间段就给保健品让路了。2011 年，为了打造健康生活的下午大板块，就又调回下午了。折腾过 2 ~ 3 回，在收听率上，一调整时间就会有很长时间上不去。面对一个很沮丧的收听率，长的时候有半年之久；单看收听率的话，难以相信是同一个人做出来的同一档节目。比如，今年 1 月份的节目我们在第二个梯队里排第一，去年这个时候我们在第二梯队里就是受罚的。因为要靠养（收听习惯），调整时段之后就要养。总体来说，养半年以上，收听率就稳住了，一般在梯队里居中上水平。同一个人做，相对专业性节目，也没什么大的事情发生，收听率总体上来说还是客观的。

4. 从形式上来说，节目一直以专家讲授为主导。这是出于什么考虑？

安：节目从奥运会开始一直在体育频道播出，我们一直都在走传统形式，因为我不专业，所以必须让嘉宾去说专业的话。我不想让嘉宾到这儿来，我去唱主导。我也不想做连线，因为我这节目里很多大牌专家，给人家一个连线，显得太不尊重了。

我一共 45 分钟时间，节目其实挺紧凑了，上来问个好，接下来就是硬货，基本没废话。做得“水”了，听众想听干货，没有。但做得太严肃的话，听众识货还好，不识货的话就觉得太枯燥。我就是这样的个性，让我做忽悠我也不会，个人特色吧。这么多年做下来，有人说，大家还没听烦就挺好。原来我想过，说几年把病都说完了怎么办，但现在发现医学在进步，每次都有得说，都有新鲜的东西。

5. 节目的一个特点是结合新近发生的新闻，从中找话题和由头，这样做有什么效果？

安：我原来做新闻的，所以肯定要结合一些新闻性的东西。前几天，意甲足球运动员猝死，今年大年初一举重教练去世，我们都跟进了。包括日本核辐射之后的“抢盐风波”，我们马上请到了核医学专家。乔布斯去世之后，我们发现网上有很多不明确的地方，把他去世的原因归罪为胰腺癌，又说他之所以能活 8 年是因为他没有做放疗和化疗等传统治疗。实际上，乔布斯患的是胰岛素腺体癌，不是脏器癌，跟传统意义上的癌症是不一样的；其治疗方案没有太大问题，跟传统的理解也不太一样。于是我们还请了肝胆外科的专家来节目讲究竟是怎么回事，不要说因为乔布斯没有去做放化疗和手术治疗，肿瘤病人都放弃了积极的治疗，那将会是天大的误导。

再比如，去年有个 20 多岁的女孩患胃出血去世了，我们就做了一期

“胃你好吗”。可能有新闻性的时候大家会更关注。那时候有很多白领就格外关注。

6. 节目曾多次配合有关部门做了一系列讲座，如甲型 H1N1 流感防控、控盐、控油、中国健康传播激励计划、无烟城市等。相较于针对具体疾病的健康知识传播，这类长效性议题的受众反馈好不好？关注度高不高？

安：长效性话题，有的听众不一定爱听，但这些话题必须讲，比如 5 年前我做控油、控盐，那时候我们对油和盐的概念不明确。可是，我们在唠叨，报纸、电视都在唠叨，到现在，控油、控盐是常识了。政府开始控油、控盐，其实就是 5 年的时间。这个话题不是立竿见影的效果，但必须要做。这种东西，没有效果也要做。我的意见是，做节目不是为了收听率，而是为了传达科学的知识。也许今天没有信息量的很热闹的节目收听率很高，有一万个人在听，但它传达给一万个人的是空洞无物的东西；也许今天的节目只有 100 个人在听，但传达给他们的是有益于他们一生健康的信息，这个可能比那些数字更重要。

7. 节目中自主策划的专题讲座，既有西医治疗、西药原理等与西医相关的知识解读，也有一些中医养生、治疗的专题。二者之间有没有一定的比例？《大讲堂》的中医议题在嘉宾选择、问题设置、内容导向上有什么原则？

安：没有刻意地划分比例，基本上周末中医节目相对多一点，平时西医节目多，中、西医节目的比例大概是 5：2。中医节目我们的选择相对严谨一些，不选“大忽悠”，医生都来自于三甲医院，基本上没有社会上的中医人员。有个别人，可能原来是三甲医院的，现在兼职做中医药传播；要么是德高望重国家承认的老中医，而且是中西医结合的，绝不能聘请以中医包治百病为理念的人。

8. 你认为健康广播节目给听众带来的影响是什么？

安：为什么现在医患矛盾这么严重？原因很多，但其中一个原因是因为我们的老百姓太缺乏医学常识了。比如，昨天我们说癌症前期检查为什么做那么多项，在检查上花那么多钱，实际上这是为了让你的治疗更有效。但是有很多老百姓不理解，心理上不平衡。我们的节目也是想让大家明白和理解。这么多年下来，听众的提问真的是越来越专业了，能够从节目里看到这种变化。有些听众的问题很专业，而且听众能特别简单地得到一个专业的咨询渠道，说明节目本身对听众是很有价值的。

第二部分：

访谈对象：江苏人民广播电台 AM846《江苏健康》广播节目部主任刘佳女士

访谈时间：2012 年 9 月 7 日

访谈地点：江苏人民广播电台

1.《江苏健康》广播的定位中提到，针对不同受众制作的健康专业类节目。不同受众的划分在节目设置时如何体现？

刘：从整体上来说，我们的节目以中老年听众为主；从受众调查看，以 55 岁以上听众居多。但也有例外，比如《亲亲宝贝》这个节目的受众年龄层就多元一些，可能孩子的爷爷奶奶会听，年轻的父母也会听。

今年我们做了一个婚恋交友节目，也是针对中老年人的，偏中年人一些。大多为 50 多岁的人，但 60 多岁的人也有。这个节目收听率还行，晚上 9~10 点段，中波台晚上收听率就不是特别高了。我们中波现在覆盖的是南京及周边，但今年在做全省覆盖，调频的差频覆盖，若干个调频频点在若干个地方发射，也就是从当地找一个频点发射信号。

当然，为什么选健康广播来做全省覆盖呢？可能觉得健康频率是有提升空间的。现在，江苏省只有一家专业健康台，地方上叫“老年台”的多一些；以前无锡有个健康台，后来改叫“生活台”了。现在的策略是做全省，但是我们做了几场调研下来，即便全省用调频去覆盖，但我们还是以中老年为目标，定位不改变，只是部分节目会有微调。比如，晚间时段，尤其是20点之后，中老年人看电视多、听广播少，收听率弱，现在如果要做全省覆盖，晚间的节目要调整，应做一些定位相对年轻的节目。我们台现在没有什么晚黄金的节目，做调频之后，想把晚黄金时段重新开发一下，现在我们下午13～14点是广告，可能明年这个时段就拿出来不做广告了，但肯定还是与健康相关的内容。有可能是医疗信息，也有可能是适合稍微年轻一点的人的养生内容，比如瘦身美体之类的。

2. 请介绍一下健康广播全天的节目架构。

刘：我们的节目架构分为医、养、乐、情四大版块。医，侧重早晨的《阿松生活网》和《阿松导医台》，主要是医疗咨询、专家讲解、导医服务。养，是养生、养育和养老。这个版块是节目群落，它的播出时间不一定是靠在一起的。养老节目就是《美丽夕阳》，我们这几年也想改版，因为它的老年特色不太鲜明。现在的节目比较宽泛，架构松散，既有资讯又有访谈。将来想把它做成提供养老服务的，能够提供老年人多种养老服务、政策解读等的节目，想做得服务性更强、更实在一些。乐，是综艺娱乐节目，还有《幸福社区》这档社区节目也包括在其中。晚上的《银色舞步》虽然结构很简单，但收听率很好。全年52周，它能在40周同时段排名第一，不是所有节目的第一就是同时段中波节目的第一。情，主要是在晚间，《午夜收音机》和《过去那些事》的定位稍微偏差一点，全台偏心理疏导的节目就只有《午夜收音机》。

3. 频率的收听率表现如何?

刘：我们台节目收听率好的有《阿松导医台》《天天养生》《幸福社区》《银色舞步》等。但从整频率看，这些年就是不温不火的，收听率一般。我们的健康广播现在南京收听市场的中波频率第一名，排到二级台的第七位左右，但晚间22～24点时段收听率就起不来了，有时候夜里的节目比这个时段都好。

4. 频率每天有7小时的医疗专题，占总播出时长的1/3以上。专题的播出时是段如何敲定的?

刘：早间4~7点是专题，9~11点是专题，17~19点也是专题，专题肯定没有节目的收听率高。专题是广告中心统一制做，专题时间是节目部门和广告部门在博弈过程中定下来的，包括时长和时段。每年年底设计下一张时间表时要跟他们博弈。比如说，他们要加时间，我们说不能加；他们想在哪个时段加，我们认为这个时段是播节目的好时段，于是不让他们加。时段的确定大体上根据以往的收听表现确定。比如，为什么晚上17~18点或18~19点，这些貌似“黄金的时段”愿意给他做专题？因为从实际看，这些时段不见得会产生更好的收听表现，不见得会比下午14~15点这种貌似不“黄金的时段”好。这个所谓不“黄金时段”恰恰是老年人午休刚起来又还没去接小孩的空档期。所以有关专题时段的设置，我们也考虑到受众收听习惯和作息习惯的问题。

如果今年我的专题时长是7小时的话，明年我可能还是坚持7小时。虽然广告中心的广告指标逐年在长，会以广告指标上涨等理由来谈，但我们最终不会让他突破7.5小时，不会让他有大幅度的调整。决定权的话，应该还是双方谈的结果。因为他虽然有创收，但我也有收听率，我也不会以损害收听率为代价。明年如果全省调频覆盖，广告专题的时段可能还要收回一点，比如今年8个小时，明年要考虑减少到7个小时或6个小时。因为你用调频去做节目，又有那么多专题，对于我们刚刚进入地方市场是不利的。

5. 目前江苏健康广播频率发展最大的难题是什么？

刘：江苏健康广播频率发展最大的“瓶颈”是从业人员素质和能力问题。所以这几年我们招人都不去高校招了，我们希望从社会上招一些有医学背景的，或者学中医、心理学、养生等方面的人才过来。再就是鼓励现有人员在素质上提高和加强，比如晓涵、蓝天他们都已拿到心理咨询师的资格证了。从全国范围看，现在只有山西健康广播是全省覆盖的，而且山西卫生厅跟他们合作得比较紧密，他们的主持人、记者基本上都是从卫生系统过去的，他们专业知识比较扎实。这种合作无疑有助于健康广播节目专业性的提高，以及频率整体框架的设置和长远发展。